职场礼仪实训手册

王家贵　编著

经济科学出版社

图书在版编目（CIP）数据

职场礼仪实训手册 /王家贵编著. —北京：经济科学出版社，2011.12

ISBN 978-7-5141-1406-5

Ⅰ.①职… Ⅱ.①王… Ⅲ.①礼仪-手册 Ⅳ.①K891.26-62

中国版本图书馆 CIP 数据核字（2011）第 264434 号

责任编辑：王东萍
责任校对：刘 昕 刘欣欣
技术编辑：李 鹏

职场礼仪实训手册
王家贵 编著
经济科学出版社出版、发行 新华书店经销
社址：北京市海淀区阜成路甲 28 号 邮编：100142
教材分社电话：88191344 发行部电话：88191540
网址：www.esp.com.cn
电子邮件：espbj3@esp.com.cn
北京中科印刷有限公司印装
880×1230 32 开 5.5 印张 160000 字
2012 年 3 月第 1 版 2012 年 3 月第 1 次印刷
ISBN 978-7-5141-1406-5 定价：15.00 元
（图书出现印装问题，本社负责调换）
（版权所有 翻印必究）

前言

人生在世，所处时间较长的地方有三处：家、学校、办公室或职场。如果说家是享受生活的“大本营”，学校则是人生能量的“聚集场”，而职场就是人生打拼的“主战场”。因此，大学生进入职场后，是否具有良好、和谐的职场人际关系，对其人生的奋斗结局和生存质量都会起十分重要的影响作用。

作为求职者，谁都希望“百发百中”。但残酷的现实却常常让人“满怀希望”而去，垂头丧气而归。不少人纳闷：明明那份工作很适合我，对方为什么就没看上我呢？令人百思不得其解。其实，我们也许要从另一个角度来思考这样的问题：如果求职成功，当然说明对方对你的职业素质基本认可。但是，当你站在一个陌生的招聘者或面试官面前时，他所看到的是你的什么呢？是你的工作能力吗？显然不是。那么，是你的什么东西在展示你的职业素养呢？你的学历、工作经历等也许能在一定程度上表明你的职业素养，但显然那不是对方聘用你的决定因素，否则，就无所谓面试了。可见，求职成功的决定因素是你在求职面试中的现场表现。那么，面试现场，你所表现的主要是什么呢？主要是三大内容：一是职业形象，二是行为举止，三是随机应变的沟通能力等。很显然，最后一项取决于你的思维敏捷程度、判断力及口才，而前两项都是职业礼仪修养。由此可见，求职礼仪在求职成功率中起着举足轻重的作用！

其实，当我们与人初次见面时，一言一行，举手投足，都在展示你的职业素养。因此，人们最先展现出来的“第一印象”不是学识、也不是能力，而是那些平时最容易忽略的仪容、仪表、气质、体态、礼貌修养、着装打扮，以及行为举止细节等礼仪素养，人们恰恰是依据这些东西在评判你的职业素养。因为，无论什么工作，与人打交道总是最主要的内容之一，任何一个训练有素的人，总是能大方得体地让与之打交道的人感觉舒服或满意。换句话说，如果一个人做不到这一点，那么，他的工作效能就必然是要大打折扣的。所以，礼仪素养就会成为职业素养的重要“标签”。你的职业技能、职业经验、学识水平、道德水准等内在的东西，没有长期地共处和观察，人们一时是很难评判的，唯有依据你的职业素养“标签”来评判你的职业能力。这如同我们去商场买东西，在没有使用或品尝之前，你只能根据品牌和直观感觉来评判其品质高低。

由此可见，游历职场，不仅要掌握专业知识，还必须具备良好的职业修养。然而，“冰冻三尺非一日之寒”，礼仪不能靠死记硬背，也不能靠外部约束，要靠在长期的生活实践中自觉、自律地按行为规范去做，日积月累，形成习惯，进而才能转化成个人素养。

目　录

第1讲

职场礼仪概述

引例一

礼仪成为职场取胜的“敲门砖”

某知名企业在招聘一名后勤管理人员时由于待遇优厚，职位较高，应聘者众多，且素质水平从简历等应聘资料难分高下，于是在面试中设计了一次这样的测试：

数十名简历初审合格者被通知在同一天下午的上班时间来公司面试，求职者纷纷按时来到公司，这时公司接待室门口放着一个小小的提示牌：“请面试人员去二楼会议室等候”。会议室的门开着，门后一把扫帚倒地横在门前，屋里窗帘紧闭，黑黑的，会议桌四周的凳子摆放也不整齐。大多数人进屋时跨过那把扫帚，进屋后站也不是坐也不是，很不自在。只有一名年轻女士进门前看到扫帚后，立刻弯腰扶起扫帚将其放稳，看到屋里太黑，立刻放下手中的东西去拉开窗帘，随后又主动安排大家依次坐下等候。十多分钟后，所有求职者得到通知，刚才进门捡扶扫帚的女士被录用。这时部分求职者恍然大悟，原来在不知不觉中公司进行了一种极其简单的现场测试。这位女士以其高品质的职业素养给了招聘方良好的“第一印象”。

引例二

最后的"细节"使好印象荡然无存

某女A与四位陌生人一起站在电梯里，她观察这四位的衣着和言谈，很容易就大致判断出四人的身份和关系：这四人中两人是总公司高层领导，一位是分公司负责人，另一位是分公司女秘书。

A觉得那位分公司领导风度翩翩，衣着得体，能分别用地道的上海话和流利的英语与上司和女秘书低声交流。

一会儿，到了四人要到的楼层，分公司负责人很有风度地伸手挡住电梯门，礼貌地示意上司先出电梯，自己随后闪身而出，即刻松开了挡电梯门的手，丝毫未顾及身后的女秘书。女秘书险些撞到要关闭的门上，她的"哎呀"惊呼声让她的上司和A都投去了关切的目光，但分公司领导并未向女秘书致歉，而是一笑了之。

这最后的"小插曲"让A对那位风度翩翩的分公司领导最初的好印象荡然无存。

案例赏析：

举手投足可以判断一个人的道德修养和礼仪水准，对上司的尊重和对下属的失礼足以反映一个人内心道德品质的缺失，外表的端庄掩饰不了言行举止的道德水准。某女A及这位分公司负责人的同行者，对他的品行会因为这件小事而留下深深的烙印。

一、为什么要学习职场礼仪？

文明礼仪是一种世界性的文化现象。注重礼仪是高度物质文明与精神文明相互促进的必然要求。毫无疑问，饥寒交迫的人终日为解决温饱而劳碌奔波，很可能不太会关注礼仪需要，也无力顾及仪容和形象。但当人们生活富足、衣食无忧之后，就必然会更多地追求精神满足。

因此，追求人际交往的和谐，讲究仪容仪表、维护人格尊严、尊重个人隐私、文明经商、真情服务、诚信守约、人文关怀等成了文明经商和企业文化的重要内容。

任何社会，大致有两大类规则，一类是“显规则”，如法律规则或制度规则，这类明文规定的东西成为了维护社会秩序、约束人们行为的硬性规范。还有一类是“潜规则”，如道德规范和礼仪规范，虽没有明文规定，但约定俗成。它是维护社会和谐和彰显社会文明的无声“公约”。谁违反了，虽不会被硬性处罚，但会被人唾弃、谴责或鄙视。礼仪，作为人际关系处理的“潜规则”，在企业文化建设、人力资源管理、客户关系管理、企业形象与品牌的树立与维护、公共关系处理、商务拓展、市场行销等方面显示出越来越重要的作用。尤其在国际交往过程中，礼仪更是展示形象、体现素质、彼此尊重和文化融合的无声语言，往往成为沟通与合作的“润滑剂”。因此，学习礼仪，成了现代职业经理人的必修课！

概括起来，对职场人士而言，礼仪的实用性大致体现在如下几方面：

礼仪是“做人标准”，即让人懂得行为自律的基本要求。

礼仪是“识人标尺”，即让人懂得如何通过他人的外表和行为去分辨其素质和修养水准。

礼仪是“交往艺术”，即礼仪会增强人际亲和力、拉近彼此距离、促进关系和谐。

礼仪是“形象标识”，即礼仪彰显素质、体现服务水准等。

礼仪是“减灾措施”，即礼仪可让人少出洋相、避免激化矛盾等。

礼仪是“管理手段”，即礼仪能规范行为、维护秩序、增强凝聚力。

礼仪是“推销技巧”，即礼仪能表达友善、诚意、减轻阻力等。

二、礼仪究竟包括哪些内容？

礼和仪最初是分开使用的。所谓“礼”，包括礼貌、礼节、礼制、礼物或礼器、礼俗等，而“仪”则包括仪容、仪表、仪态和仪式规范等。我国古代的“礼“，大致包括四方面的内容：一是尊敬他人的礼貌；二是用来体现等级差别的礼物，如食物、服饰、车马、用具等；三是典章制度及与之相应的礼节，如官府行政、军事、外交等各方面的行为规范；四是各种专门事项的仪式规范，如朝廷的军礼、宾礼、民间婚礼、葬礼等礼规。我国古代的“仪”，泛指准则和法度。古人常用“母仪天下”来称颂皇后的言行规范，这里的“仪”含有仪容、仪态起典范和表率作用的意思。

“礼仪”源于法语“Etiquette”的意译，原意指“法庭上的通行证”，后来英语中把“Etiquette”的含义扩展为“人际交往中的通行证”，泛指有良好教养并在交往和公共场合能遵循公认的规矩和礼节。

总之，礼者，尊重也；仪者，规范也。礼仪即人际交往的基本行为规范。“礼”和“仪”是相互交融和相互映衬的两大部分，礼是基础，仪是外在表现。礼强调内在修养，仪更注重行为规范。

现代礼仪通常包含四方面的含义：

一是泛指统治者在政治、军事、文化、经济制度等方面为区分等级差异而设立的各种典章制度，俗称礼制。

二是指为人处世的行为道德规范，包括礼貌和礼节。礼貌是言语、动作的文明表现，而礼节则是人们相互表示尊重和友善的习惯形式。礼貌是礼节的基础，不懂礼貌无礼节可言；礼节是礼貌的具体表现方式，没有礼节体现不出礼貌。

三是指个人和社会必须遵守的行为准则，包括诚信、正义、友善、自尊和博爱等，既包括人们外在的仪容、仪表和仪态，也包括人内心的品性和伐行的理念等。

四是泛指各种正式的仪式、典礼和习俗规范，如宗教礼仪、民俗礼仪、外交礼仪等。

礼仪不是空洞无物的概念，它是通过各种体现差别的物品和各种仪容动作来反映的某种意思表示或特定含义的象征。如不同的服饰、车马、器皿、敬礼等可能体现某种职别等级差异，而表情、手势、姿势、动作、顺序等则往往表达某种意思表示。这些无声的语言一旦达成共识，就成为人际交往中必须遵守的行为规范。

现代礼仪的本质是平等基础上的相互尊重。这与古代礼仪忽视个人权利，单纯强调尊卑等级有着质的区别。比如，排队购物，体现的是"先来后到"的公平原则；尊老爱幼，扶贫济困，关爱弱者等体现的是对人权的尊重；妨碍了别人说声"对不起"，得到了别人的帮助道一声"谢谢"等，体现着对对方的精神补偿和感恩回报。这种讲文明、懂礼貌的行为不仅有利于人际交往的和谐，更重要的是有助于在人际交往中建立和发展良好的人际关系。

当今世界，尽管各国社会制度不同，风俗习惯有差异，文化背景有别，民族或信仰不同，但在人际交往和社会生活和工作中，注重礼仪，讲究礼节，已经成为一个国家和民族文明程度的重要标志。

礼仪，可以有许多不同的分类，如职场礼仪、商务礼仪、涉外礼仪、家庭礼仪、学校礼仪、节日礼仪、奥运礼仪、军事礼仪、政务礼仪、服务礼仪等。不同的礼仪种类，无非是为了突出某一专门应用领域的特殊礼仪规范和要求，其实质都是基本行为礼仪在某一方面的具体运用，因此，大多可以触类旁通。如果按礼仪行为的基本内容来划分，礼仪大致可分为如下几类：

形象礼仪，如发型、仪容、仪态、着装、站姿、坐姿等行为举止方面的礼仪规范。

称呼礼仪，如各种人际关系的称谓、敬语、尊称等语言规范。

交际礼仪，如握手、名片交换、介绍、造访、待客等基本行为规范。

沟通礼仪，如电话礼仪、书信礼仪、访谈礼仪、公文礼仪等。

公关礼仪，如接访礼仪、宴请礼仪、活动组织礼仪、送礼和受礼等行为规范。

会议与庆典礼仪，如会务组织、程序及座次安排、宾客邀请、迎送及主持等方面的行为规范。

谈判礼仪，如协商程序、让步艺术、拒绝或接受的技巧等方面的行为及语言规范。

三、礼仪的基本功能和作用

任何一个国家和民族，无论其信仰、文化和生活习俗有多大差异，但有一点是共同的，那就是：谁都希望生活在井然有序、安逸、和谐的社会环境中；谁都希望与自己接触的人是彬彬有礼的；谁都希望自己在任何地方、任何时候都受到尊重和重视；谁都希望在自己犯错以后得到别人的宽容和谅解；谁都希望在自己危难之时得到他人无私地关怀和援助。总之，人们都希望生活在一个注重礼仪的社会里。

礼仪的基本功能侧重体现在如下六大方面：

○协调功能。在日常生活中，如果你的行为会妨碍别人，你事先跟别人很礼貌地沟通一下，请求别人谅解，对方很可能会方便或体谅你的行为。礼仪的这种协调功能能使人际关系处理更加和谐。

○维护功能。礼仪能起到法规所起不到的维护社会秩序的作用。如办事自觉排队、邻里之间互相照应和体谅、同事之间互相关怀等，都有利于维护社会秩序井然、和谐。

○教育功能（也叫规范约束功能）。礼仪具有规范、引导和自觉约束自身行为的功能。一个懂得礼仪规范的人，在公共场合通常会自觉约束自己的行为，尽量不去妨碍和打扰别人，讲究公共卫生，爱护公物等。换句话说，礼仪可以“让‘不要’成为自觉，让‘文明’无需提醒”。

○沟通功能。礼仪是一种无声语言，具有极强的沟通作用。比如，面对素不相识的人，如果你微笑着朝对方点头示意，陌生的距离立刻缩小。所以，像保险公司的业务员、产品推销人员、证券经纪人、银行职员、营业员、记者、柜台服务人员、咨询人员等最基本的职业素质就是礼仪素养。

○增值功能。礼仪创造价值，这在实际生活中随处可见。比如，星级酒店之所以价格比普通旅店高，但客人还是愿意住，除了环境因素外，与客人能享受到尊贵服务有很大关系。“贵宾式”的服务与“普通型”的服务收费显然是不一样的。

○形象塑造功能。礼仪是塑造个人和组织形象的重要手段。对个人而言，言行举止、仪容仪表、气质风度、精神风貌等无疑会展示出个人的修养和素质，进而影响到别人对你的综合评价。同样道理，如果一个公司或组织能通过礼仪教育和培训、实践等途径提高员工的礼仪修养和品质，使之养成良好的礼仪习惯，随时随地注意给客人留下良好的印象，必然会提升公司或组织的整体形象。在这方面，内资企业无疑是需要向外资企业学习的。外资企业的新员工入职，大多需要进行专门的礼仪培训。而内资企业的新员工入职培训大多只停留在介绍规章制度、办事流程、组织架构等，而对礼仪要求则很少涉及。一旦员工的行为失礼，必然会影响企业的整体形象。

警示案例——无视礼仪的连锁反应

某城市的一位公共汽车女售票员，每天需要比常人早睡早起。一天晚上，她早早上床睡觉，因其楼上邻居打麻将，使她无法入睡，她几次上楼要求对方不要喧闹，但对方置之不理。几次下来，双方都失去耐性，发生激烈争吵。如此心烦意乱，自然无法再入睡。

女售票员早上带着烦躁的心情去上班，遇到一位超市售货员没带月票，因售票员言词过激，逼人补票，结果又是一场互相指责加谩骂的争吵。

售货员上班后，越想越气，这时一位女医生进超市买早餐，挑来捡去，售货员似乎找到了发泄的机会，于是又跟医生吵了起来。

医生上班后，一位教师前来复诊，因病情反复，要求医生开点特效药，医生没好气地说，“要特效药你去买两包老鼠药就行，吃下去一了百了”。教师气得不行，相互指责和争吵自然又免不了。

教师气冲冲来到学校，上课时遇到学生问问题，教师解释了两遍，学生似乎还不明白，教师突然火上来了，“要是人脑子，早就明白了，如果是猪脑子，再讲多少遍也没用！”……

无礼的行为就这样像流感一样传染，生活能安逸吗？可见，一个没有礼仪规则的社会将是多么的可怕。

我国古代的思想家荀子曾说过：人无礼则不立，事无礼则不成，国无礼则不宁。可见，礼仪的作用是巨大的。

就个人而言，礼仪比智慧和学识更重要。因为，礼仪能美化你的形象，礼仪彰显你的素质，礼仪能使你赢得机会，礼仪能拓展人脉，礼仪将决定成败！

就企业或组织而言，礼仪能塑造形象，礼仪能规范行为，礼仪能促进团结，礼仪能提升竞争力，礼仪将创造价值！

就全社会而言，礼仪促进和谐，礼仪净化环境，礼仪维护秩序，礼仪提升道德，礼仪促进文明。

四、礼仪与职业素养的关系

礼仪与职业素养之间究竟是什么关系呢？我们先得从礼仪与个人修养的关系谈起。现实生活中，人对人的判断虽然标准各异，但有一些认识似乎是共同的，比如：

★不懂得长幼有序、不懂尊老爱幼的人，通常被斥为没大没小、不懂规矩，没教养或极度自私的人；

★行为粗俗、不懂礼貌的人，常被斥为没教养的人；

★出门衣冠不整、邋里邋遢的人，通常是素质低下、粗心大意的人；

★浓妆艳抹、油头粉面的人，通常被视为不正经的人；

★处处礼貌谦恭、衣冠楚楚、彬彬有礼的人，常被视为是有教养、见过世面的、职业素养较高的人……。

可见，礼仪修养彰显个人素质！不懂礼仪将被视为素质不高的人！

这表明：一个人对他人素养的判断常常是以其外部形象及言行举止为依据的。在人际交往中，人对人的印象形成是一个特殊的感知过程。行为科学的研究表明，这一过程具有三大显著特点：

一是，印象依据的信息具有简单性。人与人初次接触时，都对对方信息的掌握极其有限，但人们又不得不借助这些有限且简单的信息去作出某种判断。因此，形成的印象就难免走样。

二是，印象形成过程具有短暂性。人一见面，瞥一眼，甚至一句话没说，便可能留下清晰的、不可抹去的深刻印象。人们常说的“一见钟情”许多就是取决于这种瞬间感觉。这种短时间的感觉带来的深刻印象也就促使人们都强调“第一印象”的重要性。

三是，印象形成之后具有延伸性。这种依据简单信息在极短时间内形成的印象尽管极容易发生偏差，但人们常常会依据这种印象去扩大其对人的判断范畴。因此，一旦不好的印象形成，要改变这种印象通常会非常困难。

人对人的判断事实上是由一系列印象不断叠加而成。所以，最初的印象和最近的印象常常是最关键、也最具影响力的印象。因此，无论是求职也好，会见或服务客户也罢，大多数与你打交道的人是陌生人，他们对你职业素养中的深层次内容并不了解，他们只是根据你的个人修养来判定你的职业素养水准，所以，礼仪修养就会在很大程度上成为人们判断你职业素养的“标尺”。比如，多数人对职业素养会有如下共识：

★行为我行我素、不守规矩的人，通常是未受过专门训练的职业素养较差的表现；

★喜欢吹牛、好忽悠别人的人，都是不讲诚信或不负责任的人；

★凡是办事马虎、粗心大意、随意变通的人，都是职业素养不高的人；

★任何富有凝聚力、战斗力或竞争力强的团队，一定是行为规范、和谐有序的团队；

★任何不尊重他人、不合群、特立独行、爱挑拨是非的人，一定是不善于合作的人；

★员工的职业行为粗俗或失当，其受雇单位就会被视为职业规范较差；

★职位越高的人接触的人层次越高，越需要较高的职业素养；

★经历越丰富、视野越宽的人，越懂得行为自律，职业素养也越高。

因此，个人的仪表和行为举止会彰显其职业素养。反过来，个人的职业素养会决定其职业前程。

其实，无论什么职业，虽然具体的技能素养是千差万别的，但有一些东西却是共同的。比如，处理人际关系的能力和素养。从职业素养的构成来看，大致由职业操守、职业知识与经验、职业操作技能等几大部分组成。其中，职业知识与经验可以从学历、职业资格、职称及工作经历来分辨，职业操作技能只能通过具体操作来检验，唯有“职业操守”很难分辨。人们通常只能借助于对个人修养水准的判断来推测你的职业操守。而个人修养主要体现在人际关系处理过程之中，故礼仪修养就会间接成为职业操守的检测“试纸”。因为，礼仪主要靠自律，而自律恰恰是职业操守最重要的体现。换句话说，一个懂得自觉遵守规矩、尤其是“潜规则”的人，其行为是不至于太出格的。

由此可见，礼仪与职业素养的关系侧重体现在如下几方面：

礼仪修养可展示和提升职业素养；

礼仪修养可作为人际关系处理能力的“试金石”；

礼仪修养可作为职业操守的“检测仪”。

五、礼仪与职场的人际关系

尊重和友善体现人的品性，热情和礼貌等彰显个人的“亲和力”，而个人的品性和亲和力则是构成人际关系的根本！

人生在世，所处时间较长的地方有三处：家、学校、办公室或职场。如果说家是享受生活的“大本营”，学校则是人生能量的“聚集场”，而职场就是人生打拼的“主战场”。因此，进入职场后，是否具有良好、和谐的职场人际关系，对其人生的奋斗结局和生存质量都会起十分重要的影响作用。职场的人际关系涉及上司、下属、同事、竞争者、客户、合作者，以及所有可能与你接触的陌生人。职场流行一句俗话：“多个朋友多条路”。如果你能让与你接触的人认可你或喜欢你，那么，你的人际关系一定不错。

人的“人缘”取决于自身的亲和力的强弱，而影响亲和力的因素主要是：

性格：主动、热情、大方的人，亲和力自然就强，被动、封闭、小气的人亲和力就弱；

礼仪：凡事以礼相待、懂得尊重对方的人亲和力强，自我、自傲、自私的人亲和力弱；

品性：诚实、友善、义气的人亲和力强，虚假、奸诈、狡猾的人亲和力弱；

能力或威望：能力强、威望高的人亲和力强，反之则弱。

值得指出的是：与陌生人打交道时，性格和礼仪因素起决定作用，与熟悉的人打交道时，品行和能力起决定作用。但无论是陌生人还是熟悉的人，打交道时，礼仪都会起“黏合”作用。比如，你走在路上，一个不熟悉的小孩，主动喊你一声“阿姨好”或“叔叔好”，你会立刻对其表示友好，这就是他的礼貌行为使你产生了好感。反之，你的邻居或朋友的小孩，虽然长得很可爱，也很聪明，但他从不搭理你，常常对人很没礼貌，你也就不可能对他有好感。可见，处理陌生的人际关系，主要靠热情和礼貌去增强亲和力，而处理熟人之间的人际关系，则要靠尊重、友善、诚信、义气等去强化你的亲和力。

作为职业经理人，必须明白一个简单道理：无论你做什么，学会处理人际关系是必备的基本功。而拓展人脉、维系友情、开拓市场等等，任何人际关系的处理都离不开礼仪。商人都明白“和气生财”的道理，商务交往中必然是先有“礼”而后才能有“利”，因为谁都不愿与粗俗无礼的人打交道。在纠纷或利益矛盾处理中，有理还得“有礼”，否则，“有理”会变成“不利”。当今社会，注重以人为本，维护人格尊严、文明经商、真情服务、诚信守约等在商业竞争中已成为社会共识，谁违背了谁就会被市场所抛弃。因此，“以礼相待”会增加商品和服务的附加价值，且只有“待人以礼”的地方才会有“回头客”的商业机会！

六、礼仪与公司管理的关系

如果我们比较一下中资企业与外资企业的差异，我们也许不难发现几大重要差别：

外资企业非常注重公司形象的整体设计和维护，而中资企业则不太注重；

外资企业大多讲究员工着装的统一，而中资企业的员工着装多数五花八门；

外资企业很注重服务或营业环境的人性化，而中资企业则更注重商业化企业；

外资企业员工入职很注重行为礼仪培训，而中资企业则相对淡化。

这些差别会带来什么结果呢？简单地说，就是使人们对外资企业的信任度更高，觉得他们更专业、更诚信、更放心。从而就使得大家更愿意花高价去购买外资企业的商品和服务。餐饮、商场、饮料、保健品、化妆品、手机、服装、汽车等众多行业，几乎都存在同样的问题。从麦当劳、肯德基、沃尔玛、家乐福、可口可乐、百事可乐、宝洁、安利、诺基亚、大众汽车等看出，似乎凡外资大举进驻中国的行业，中资企业都得“靠边站”！这是为什么呢？中国的消费者真的就那么崇洋媚外吗？显然不是。

不少人将这种结果归结为品牌差异，但为什么别人的品牌在我们地盘上能有较高知名度，而本土品牌反而不能树立起知名度呢？其实，并非完全是品牌差异。消费者也并非完全依据品牌消费。从上述的差异分析中，我们不难发现，外资企业很注重礼仪，礼仪会强化品牌形象，礼仪会增强消费者的信任度和认同度，进而也就会转化成消费的忠诚度。由此可见，礼仪与公司管理，尤其是公司形象有着十分重要的关联。

【案例鉴赏】

"厌恶和尚，恨及袈裟，员工形象连累企业形象"

有位企业经理讲过这样一件事情："有一回，我同某销售公司经理共进午餐。每当漂亮的女服务员走过我们桌子旁边时，他总是目送她走很远。我对此感到很气愤，感到自己受到了侮辱。心里暗想，在他看来，女服务员的两条腿比我要对他讲的话更重要。他并没有听我讲话，他简直不把我放在眼里。这样的人居然是一家公司的销售经理，看来这家公司的整体素质的确不怎么样。"于是，这位经理取消了和这家销售公司的合作。

就公司形象而言，通常会有如下共识：

- 品牌企业或知名企业一定是"待人以礼"的企业；反之，不尊重顾客或粗野服务的企业一定是"黑心"或"信不过"的企业；
- 公司员工的任何失礼行为或负面形象，一定会破坏公司的整体形象；
- 员工着装、员工的行为举止、公司的和谐氛围和管理秩序等无一不体现公司形象；
- 公司形象的树立要靠长期的"待人以礼"来培育和维护，但却可能因一时一事而形象扫地。

可见，注重员工礼仪培训是维护和提升公司形象必不可少的重要手段和管理途径！

对企业管理，有人将其概括为"小企业管事，大企业管人"。因为小企业人际关系简单，视野相对狭窄，管理更多地侧重具体事务的技巧处理和技艺的运用等。而具有一定规模的大中型企业则不同，人际关系变得相对复杂，视野和接触面扩大，管理的重心更多地转向"人"，即选人、用人、培训人和管人（即处理和协调人际关系）等。为此，"知人善用"就成了管理的基本技能。礼仪作为人际交往的基本行为规范，自然也就会成为企业管理者处理和协调人际关系必须熟知的基本技能要素。人们常说：管理既是一门科学，更是一门艺术。因为在管理实践中，管理者免不了要解决矛盾和协调关系，很多时候，一句贴心的话语或诚挚的抱歉，一个体现尊重或敬重对方的行为，往往能把即将发生的冲突和矛盾化解。如果恰恰相反，很多时候，本来无足轻重的小过失或小摩擦，可能由于语言粗鲁，或行为失礼，使对方大为不快，甚至大打出手，进而使小问题闹出大麻烦。

礼仪作为公司管理的重要内容，侧重体现在如下几方面：

- 对员工着装、言行举止和形象的要求，涉及公司管理规章和制度的完善；
- 对员工职业礼仪培训是否到位，涉及员工的服务水准和业务拓展能力；
- 员工的礼仪水准间接体现公司的服务水准和管理水准，展现公司实力和形象；
- 礼仪是管理沟通和商务沟通的“润滑剂”，涉及团队合作和纠纷化解；
- 员工关系、公司干群关系是否和谐，涉及公司内耗和外部竞争力的强弱；
- 员工权益、人格尊重和关怀彰显公司文化和管理氛围，影响员工士气和斗志；
- 员工是否自律，涉及职业操守、管理秩序及公司规章制度的贯彻实施。

由此可见，礼仪不是一种摆设，而是实实在在的重要管理内容。企业领导和员工在各种场合表现出的行为素养、精神风貌是企业整体形象的外在表现，切不可随心所欲。

总之，礼仪与公司管理的关系，可以简单地概括为：

礼仪是管理技能的基本要素；
礼仪是商务沟通的基本守则；
礼仪是品牌和形象的“活动标识”；
礼仪是商品营销的“附加价值”；
礼仪是竞争取胜的利器。

第2讲 2

如何打造自身的职业形象？

引例一

礼仪成为顾客购买行为的决策“砝码”

某日上午，经营化妆品的A公司同时来了两位客户，他们分别是两家化妆品生产厂甲和乙的营销经理。A公司的老总分别会见了这两位客户。甲厂的营销经理穿着打扮和言谈举止都显得很有内涵，递名片、自我介绍、握手等举手投足都显得彬彬有礼。而乙厂的营销经理穿着随便，不修边幅，言谈举止显得过于夸张和缺乏修养，在接过客户递过来的名片后，只随意扫了一眼便装进口袋里了。结果，A公司老总与甲厂签订了购货合同。

后来，A公司老总和甲厂的营销经理还成了好朋友。一日，在闲聊中，甲厂的营销经理问A公司老总：“那天，在你们公司碰到乙厂的营销经理时，我心里直嘀咕，心想，今天完了，乙厂的品牌比我厂的响，你们肯定会选择乙厂成交，没想到你最后竟选择了我们，你能告诉我为什么吗？”A公司老总毫不犹豫地说：“为什么？因为你的个人魅力！”A公司老总随即讲述了他当时的感觉。在他看来，乙厂的营销经理缺乏个人礼仪，给人一种不可靠的感觉，虽然他们公司的品牌相对甲厂的要好，但他对其产品品质和售后服务不太放心。而甲厂的营销经理给了他一种可信任感，于是他毅然决定与甲厂成交。

案例赏析：

看了这一案例之后，您是否意识到了职业形象的重要性？其实，在商务实践中，礼仪在很多时候就是这样无声地发挥着它的作用和价值。只是当事人难以感受到交往对象这种“决策砝码”的分量。因此，也就避免不了这种结局的重复发生，久而久之，成败看似偶然，实则必然！

引例二

名校高材生的困惑

毕业于国内某著名高校且拥有研究生学历的陈某，口才不错，人也长得挺帅，对公司产品了如指掌，在公司数十名业务员中，陈某的条件首屈一指，老总对其寄予厚望。可是，一年下来，他的业绩却远不如人，问题出在哪里呢？

原来，陈某是个追求随意和不修边幅的人，无论是工作还是生活中，一向大大咧咧，不拘小节。他认为，年轻人，尤其是年轻小伙子，与众不同才是最"酷"的表现。他的双手拇指和食指喜欢留长指甲，里面经常还藏着黑黑的污渍，脖子上的白衣领经常成酱黑色，喜欢在手掌上记电话，喜欢吃大蒜和大饼卷大葱，但从不注意去除口中异味，很多情况下，客户根本不想见他，即使见了也是随便敷衍一下就走了，陈某根本就没有发挥的机会，业绩自然也就上不去。

案例赏析：

商务实践中，类似于陈某的困惑似乎并不是个别特例。它从一个侧面告诉我们：必要的礼仪修养是现代职业经理人素质不可或缺的重要组成部分。很多时候，职场业绩并不取决于职业技能，而是受职业修养的无形影响。

一、职业形象概述

形象有外在和内在之分。外在的形象是由包括仪表、身高、体形、姿态、着装、肤色等外露的东西形成的视觉印象。比如，漂亮、丑陋、魁梧、瘦弱、苗条等指的是外在形象。而内在形象则是由气质、态度、个性、学识、胆识、品性、反应速度、做事风格等无形的东西形成的感知意象。比如，豪爽、小气、儒雅、粗鲁、奸诈、老实、胆大心细、大大咧咧、风流、矜持、精干、懦弱等。

1. 职业形象。

职业形象指的是外在形象和内在形象综合起来给人留下的整体印象。不同的职业往往有不同的形象特征。比如,厨师大多肥胖，舞蹈演员大多苗条，警察大多比较魁梧，医生比较斯文，教师比较儒雅，军人比较豪爽、老板比较大气，官员比较谨慎，商人比较精明等。有的职业以外在形象为主，而有的职业则以内在形象为主。所以，职业形象的具体要求，不能一概而论，最好是内外兼修。

值得指出的是：外在形象与内在形象是一种相互映衬、相互匹配的关系。比如一个人长得漂亮或打扮得体，无形中会强化他（或她）的气质意象，而一个人的“内在美”无疑会弥补或弱化他的外表缺陷。比如，一个女孩子，虽然长相和体形都很一般，但她聪明伶俐，贤惠乖巧，纯朴且富有爱心，多数人都会觉得她很可爱。反之，如果她虽然长得很漂亮，穿着时髦，但她性格怪异，自私且刁蛮，人们常常会感觉很倒胃口，怎么看怎么不顺眼。一个西装革履的英俊小伙，如果满口污言秽语，你对他的印象会如何？这表明：人们都希望外在美与内在美互相匹配和映衬，但以强调内在美为主。职场中，虽然有些主要与客户打交道的岗位（如营业、公关、前台接待等）对外在形象的要求会相对较高，但绝对取代不了良好的专业素养，如工作态度、礼貌修养、应变能力等，这些“内在美”形成的职业形象会远远比外在形象重要。

谁都知道，选人和用人不应该“以貌取人”，但现实社会中许多场合常常是会“以貌取人”。比如，空姐、酒店服务、前台接待、演员、老板秘书等。因为这类职业的个人外在形象会无形中影响到公司的“第一印象”。公司给客人的“第一印象”如果不佳，很可能会影响到客人的行为决策或心理感受。所以，规范的企业会非常注重对外服务窗口的从业人员的职业形象。比如，航空、银行、保险、酒店、餐饮、美容、外事等部门。

一般而言，虽然不同的职业有不同的形象要求，但有一些要求是共同的。比如，讲究个人卫生、仪容整洁、着装规范、待人热情、工作细心、行为举止大方得体、保持环境清洁、诚信、善良、懂礼貌、性格温和、稳重和谦逊等。这些要求要经过长时间的修炼才能形成行为习惯，所以，职业形象的改善不太可能一蹴而就，而是需要坚持不懈地努力。

2. 形象认知的四种心理效应。

在人际交往中，人对人的印象形成是一个特殊的感知过程。谁也不怀疑“第一印象”、“一见钟情”的确存在，其实，印象依据的信息极其简单、形成过程极其短暂，形成之后则无限延伸。究其原因，印象的形成源于人的四种心理效应：即首因效应、近因效应、定型效应和光环效应。

○首因效应。即在人际交往中，如果第一次接触留下了好印象，那么，在彼此分开后的很长一段时间里，这种印象依然会保留在脑海里，当双方再次相遇或交往时，则会不由自主地按原来第一次形成的印象来认知和评判对方。比如，你对某人的“第一印象”是“看上去很纯朴”或是“很狡猾”，则当你再次与之交往时，你就会很自然地根据这种印象去进一步推测对方的行为特点，并由此形成你对他（或她）的综合评判。

首因效应表明：第一次接触留下的印象极其重要。而职场人士随时随地都要和陌生人打交道，因此，随时保持完美的职业形象就显得非常重要。

○近因效应。是指人际交往中，最近一次接触给人留下的印象对感知者的认知所产生的影响作用。如果前后两次认知的信息不同，那么，后面的信息在形成总印象时所起的作用会更大。前后两次接触的间隔时间越长，近因效应越明显。因为前面的信息在记忆中会越来越模糊，而近期的信息在记忆中就会更突出。比如，老同事、老同学、老熟人很久不见，最近的一次相遇让你很开心或很不愉快，那么，在你脑海里，他（或她）以前的种种好与不好你可能已没多少印象，但最近这次相遇却会印象深刻。这就是近因效应的作用表现。

在商务实践中，为利用近因效应，往往在与客户分手时，给予对方深情地感谢与祝福，以求得你在他（或她）脑海里的印象变得完美和深刻；在送别客人时，往往盛情款待或依依惜别，使对方的良好印象影响尽可能长久。

○定型效应。即当人们认知客体时，总是会依据自身头脑里的“定型”印象来进行推测和评判。“定型”即人们头脑中已经存在的关于认知对象的固定形象。如果一个人的形象与大众心目中固有印象不吻合，极有可能会产生不信任感。比如，艺术家的形象是留着长发或长胡须，金融业的职业经理人通常是西装革履且彬彬有礼的职业形象。定型效应有时会使人产生偏见，进而使人产生错误的判断和决策。

○光环效应。是指一个人头衔或名声好或坏，会极大地影响对他的评价。即人们对他人的认知和判断往往是只从局部少数典型信息去推断得出整体印象。比如，教授会被看成很有学问的人；一个打扮得体并戴着眼镜的人，很可能会被看成是有文化且稳重的人。

光环效应的作用有其双重性，当我们去认知别人时，应当尽量避免被表面和局部现象所迷惑。而当我们被别人评判时，要利用光环效应去树立良好形象，也要防止因某种不好的形象形成消极光环效应。比如，人际交往中，一张富有特色的名片、一身得体的着装、一次礼貌的行为都可能让人戴上美丽的光环。同样，一份潦草的简历、一身不合时宜的打扮、一句不雅的语言、一次失礼的行为很可能给你戴上消极的光环。这说明，职业形象不是一次性的行为，而是必须时时处处注意自己的行为细节。

3. 职业形象的组成元素。

职业形象受许多有形或无形因素的影响，但其最主要的组成元素有：发型、仪容、表情、着装、配饰、仪态、肢体、谈吐、服务态度、处事风格和经验等。每一种元素都可能增强或破坏你的职业形象，故单纯只在某一方面讲究是无济于事的。比如，有的人很注意仪容仪表，但修养很差，产生了内在和外在形象不匹配，从而影响职业形象。而有的人着装很讲究，但发型很前卫，或肢体语言很随意，那么，职业形象就会显得很不稳重。总之，职业形象必须是内外兼顾、整体和谐，不可顾此失彼。

职业不同，对各组成元素的要求各异。除少数特殊职业（如模特、体育）比较强调客观条件外，多数职业对客观条件并无特别要求。所以，绝大多数的职业形象要求是基本一致的。如体态端庄、打扮得体、着装规范、仪容整洁、谈吐自如等。

二、职场仪表的礼仪规范与禁忌

人的仪表，指他人能看得见的外在形象，包括发型、妆容、表情、着装、皮肤卫生及精神面貌等。

1. 发型及头部修饰。

头发位于人体的制高点，最为引人注目。良好的发型修饰，能提升人的气质和魅力。所谓美发，就是在头发保养、精心护理的基础上，选择适合自己的发型，适度美化形象。

（1）头部修饰的基本要求。

◎勤于梳洗，头发无异味，避免头屑满天飞。

◎长短适中，避免有碍工作。一般来说，对男性而言，要求前发不覆额，侧发不掩耳，后发不触领。职业人士则一般不宜剃光头或留长发。对女士而言，前发不挡眼，后发不过肩。长发过肩者上岗时宜盘发，或将头发系好后置于工作帽之内。

◎慎染彩发。黄种人历来以黑发为美，将白发染黑，无可厚非，但将黑发染成彩发，则宜慎重。对从事艺术、发型设计或美发的工作者而言，染彩发似乎无可厚非。但对其他职业人士而言，则有失庄重，容易给人一种轻浮的感觉。尤其是学者、高级经理人等更不适合染彩发。

◎发型得体，风格庄重。职业人士的发型如果过于追求时髦、华贵，过于张扬，则往往给人不够成熟的感觉。

◎美化自然，职场人士的头发不宜修饰痕迹过重。

（2）发型选择的要点。

发型，即头发的整体造型。发型选择需根据自身的喜好、身材和职场条件来决定。一般来说，经常抛头露面的人，发型要求应庄重、适度保守些，而交际场合频频亮相的人，发型应当适度个性化、时尚、艺术一些，而过于前卫和怪异的发型，除演艺场和艺术类职业外，基本不适应于职场人士。

◎根据脸型选择发型，使头发成为美化脸型的工具。

◎根据身材选择发型。如果身材瘦高，发型轮廓以圆形为好。矮身材以留短发为宜。

◎根据年龄选择发型。年轻人发型可以活泼些，中年人宜选择简洁、文雅的发型，老年人则应选择庄重、朴实的发型。比如，一头飘逸披肩的秀发，披在少女头上，会显得青春活泼，而留在老年人头上，则会显得格格不入。

◎根据职业选择发型。战士、运动员剃光头很方便清洗和打理，商界和政界人士剃光头就不太合适。职业女性的发型宜庄重

和文雅，而公关小姐的发型则宜新潮和大方。

◎根据环境选择发型。同一个人在不同场合可能以不同的发型出现。比如，一位长发女性，当其以职业培训师出现在培训现场时，她可能选择盘发的发型，显得庄重；而当其出席盛大晚宴时，则可能以披肩长发出现，显示出她的青春靓丽。

（3）头部修饰要点。

◎勤修剪，勤梳理。正常情况下，男士在一个月之内修剪一到两次，女士一个月之内至少应修剪一次。职场人士应随身携带小梳子，以便随时在需要的时候梳理头发。比如，上岗前、见客前、外出后进门时、摘下帽子后等随时梳理已经被吹乱或弄乱的头发。

◎选择合适的手段固定发型。烫发、吹发、使用摩丝和发胶等都可以固定发型，避免在室外时被风吹得头发蓬松杂乱。

◎女士可以以固定发型为基本目的选用发卡、发带、发套、发夹、发箍等发饰，但要尽量避免佩戴过于艳丽、或带有卡通和动物形象及图案的发饰。有条件的企业，如果让女职工统一发饰和着装，则会增强整体形象。男士不宜佩戴任何发饰。

◎注意帽子的合理使用。人际交往中普遍讲究“脱帽为礼”。除工作需要外，在室内一般不宜戴帽工作和见客。职场允许戴帽的工作有四种情况：一是为表庄重和美观，如军人、警察、酒店门童等;二是为卫生，如医生、厨师、餐厅服务员等;三是为防晒，如导游、海滨救生员等；四是为安全需要，如电工、施工管理人员等。职场女士尤其在冬天喜欢用时髦的帽子作装饰，如贝雷帽、公主帽、棒球帽等，以及用于装饰的裹头巾等等，如果在上班时佩戴，与礼仪规范相背离，会显得不合时宜。因为室内工作时一般是不宜戴帽操作的。

2. 仪容与面部修饰。

常言道："爱美之心人皆有之"。所以，无论男女，仪容修饰为职业人士的基本要求，一是遮丑避短，二是适度美化。

(1)仪容美的基本要求。

仪容美，能体现一个人良好的精神面貌和对生活的乐观、积极的态度。尤其是个人良好的仪容卫生，能给人以端庄、稳重、成熟和大方的印象，既能体现自尊自爱，又能表示对他人的尊重和礼貌。仪容美应把握以下要点：

仪容的自然美：五官端正，皮肤及神态健康。

仪容修饰美：主要表现在遮盖不足，扬长避短。

仪容内在美：主要体现在高雅气质和令人陶醉的神韵。

仪容修饰的基本规则是：卫生、整洁、美观、得体。

仪容美的基本标准是：健康、自然、协调。

很显然，憔悴、疲倦等病态的仪容固然无美可言，所以，"健康美"是第一准则。自然美任何时候都高于人工美化，自然意味着真实，不真实则意味着假。假东西自然无美可言，所以，"自然美"是第二准则。仪容美讲究整体感，要考虑脸型、发型、身份和环境等等。任何时候，孤立的美都是不存在的，故和谐即是美。和谐包括自身妆面协调、周身上下协调、与自身角色协调和与周围环境协调。不协调的东西怎么看怎么不顺眼，无美可言。故"整体协调美"为第三准则。

(2)男士仪容修饰的基本要求。

总体上，职业男性要塑造儒雅、有朝气、有风度和稳重的仪容。其要点如下：

保持仪容干净整洁，不应化妆，但面部不能有任何分泌物和污迹；

养成每天修面剃须的良好习惯，切忌胡子拉碴去参加各种社交活动；

勤于修剪头发，不染彩发，不选择奇异发型，不佩戴任何头饰；

保持手部卫生，不留长指甲；

注意口腔卫生，避免口腔异味；

项链或其他颈部饰物不外露；

不戴墨镜上班和见客；

外露的任何部位切忌文身；

不穿拖鞋或光脚上班和见客，并保持鞋面清洁。

（3）女士仪容修饰的基本要求。

总体上，职业女性应塑造庄重、青春靓丽、高雅、干练的仪容。其要点如下：

保持仪容干净整洁，尤其是面部不能有任何分泌物和污迹；

提倡化妆上岗、淡妆上岗，不浓妆艳抹；

不当众化妆或补妆，也不残妆示人；

注意口腔卫生，避免口腔异味，口红和唇彩尽可能淡雅，避免艳丽；

避免装束过于新潮和怪异，要保持庄重和典雅，切忌轻浮和妖艳；

保持头发干净整洁，不散发异味，不染彩发；

避免因首饰而突出自己不太漂亮的部位；

在室内要避免戴帽上班和见客；

保持手部卫生，不留长指甲，不画彩甲，不佩戴过多首饰；

不穿拖鞋，更不要光腿或光脚上班和见客，要保持鞋面清洁；

外露的任何部位切忌文身。

职业女性化妆禁忌

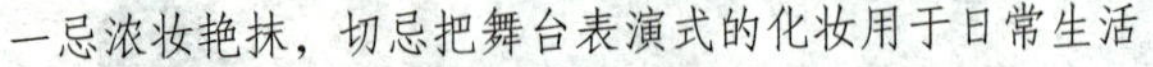

一忌浓妆艳抹，切忌把舞台表演式的化妆用于日常生活；

二忌盲目模仿，切忌把明星式的化妆当成样板模仿；

三忌当众化妆，切忌在公众场合旁若无人地化妆或补妆；

四忌残妆示人，流汗或吃东西后应及时补妆；

五忌借用他人化妆品，尤其是口红、唇彩等，既不卫生，也不礼貌；

六忌非议他人妆容，切忌对他人的妆容评头论足，伤人自尊。

3. 职业人士个人卫生的十项基本要求。

勤洗衣服勤洗澡，避免身上发出异味或衣领、袖口呈酱褐色；

保持头发干净整齐，避免蓬头垢面，头屑满天飞；

保持面部清洁，避免眼屎、鼻屎、嘴角污垢、面部污迹出现；

保持口气清新，避免蒜味、酒气、胃气等口腔异味熏人；

勤剪指甲，避免指甲过长或指甲缝里残留污垢；

勤刮胡须，避免胡须、鼻毛等外露；

勤洗手，避免用手指剔牙、挖耳屎、掏鼻孔等不雅动作；

说话要温文尔雅且保持距离，避免口沫四溅；

避免在别人面前脱鞋、脱袜；

感冒或犯病时避免见客和参加公共活动尤其是外事活动。

4. 表情与微笑。

表情，指的是通过面部形态变化所表达的内心感觉。神态，指的是人的面部所表现出来的神情态度。表情和神态，在人际交往中很难严格加以区分。表情主要靠眼神、眉毛、面部肌肉及嘴型来反映。比如，眼睛睁大，嘴巴张开，眉毛向上扬，通常是快乐的表情；双眼眯成一条缝，眉毛紧皱，嘴角拉平或向下，通常表示敌意；眼睛大睁，眉毛倒竖，嘴角向两侧拉开或朝下，则表示发怒；双眼眯缝，眉毛拉平，双唇紧闭，平视或视角向下，往往表示疑惑。现代传播学理论认为：表情是人际交流中“非语言信息传播系统的核心部分”。相对于其他行为举止，表情更直观、更易于觉察和理解。

眼神和笑容是表情中最为核心的部分。表情礼仪探讨的就是如何去理解交往对象的不同表情，如何把握自身的表情，如何运用自己的表情去表达对客人的热情、友好、谦恭和真诚等。比如，人们对服务态度的评判中，表情往往占有很大比重。所以，柜台营业员、乘务员、空姐、产品推销人员等最基本的职业训练之一是“表情训练”。

眼神的表现力是极强的。聪明、迟钝、高兴、悲伤、愤怒、疑惑、抑郁、兴奋、诚实、奸诈、精神和疲倦等等都可以通过眼神分辨出来。“瞠目结舌”、“暗送秋波”、“怒目而视”等都是刻画用眼神表达内心情绪的词，人的喜、怒、哀、乐等情感无疑可通过眼神来表达。眼神侧重从三方面来分辨，即注视的部位、角度、时间。

◎注视的部位。注视对方双眼，表明重视对方，愿意洗耳恭听；注视对方额头，表明严肃、认真、希望公事公办；注视对方面部，表示亲切或关切；随意打量对方任意部位，表示轻视或怀疑对方。

◎注视的角度。正视或平视，重视对方，表示双方平等相对；仰视，以表示尊重和敬畏对方；俯视，表示对对方的轻视、歧视或长辈对晚辈的宽容和怜爱等；侧视或斜视，表示厌恶、蔑视、挑衅或怀疑对方。

◎注视的时间长短。长时间凝视对方，表示对对方很感兴趣；两人交谈的大部分时间都在注视对方，表示对对方的重视和尊重；交谈中很少注视对方，表明对对方的轻视，这是很失礼的。但一眼不眨地死盯住对方，会让人紧张，同样不礼貌，带有敌意和挑衅的嫌疑。

恰当地运用眼神是职业交往中很重要的内容。比如，当一人为多人服务时，要运用眼神对每一位服务对象表示关注，使其不致产生被冷落的感觉，就要不时地环视大家。

眼神通常会传递许多其他信息。比如，已被别人注视但立刻将视线移开的人，通常是不自信或心神不宁的人；碰到别人眼神后立刻收回视线的人，大多是自卑或内向的人；眼珠频繁转动，通常是内心不安、恐惧、撒谎的一种掩饰；双眉紧锁，目光无神或不敢正视对方的人，通常是缺乏主张的表现；视线移动多且有规律，表明内心镇定且富于理性思考；听别人讲话却不将视线集中在谈话人身上时，表明对其谈话不感兴趣；说话人将视线集中在你身上，表明他渴望得到你的理解和支持。

人的笑容有许多种，有微笑、冷笑、嘲笑、媚笑、奸笑、傻笑、假笑、怪笑、狞笑、大笑、窃笑、狂笑等等。微笑是人际交往中最受欢迎、最具吸引力，也最有价值的面部表情。微笑是自信的象征；微笑是友好的表示；微笑是一种礼貌；微笑是一种交际的手段；微笑是健康的表露；微笑是无形的资本、成功的法宝；微笑是谁都能读懂的“世界语”。

微笑的基本特征是：嘴角微微向上翘起，笑而不闻其声，笑而不露其齿。

微笑的好处可以归结为如下几点：

◎微笑可以调节情绪。微笑是积极、乐观的一种情绪，能在一定程度上驱赶烦恼和忧郁。你对别人微笑，别人才能对你微笑，这种倍感愉悦和温暖的气氛，能互相感染，进而有利于交际双方情绪的调解。

◎微笑可以消除隔阂。微笑能创造和谐融洽的气氛，微笑能化干戈为玉帛。“抬手不打笑脸人”，尽管一方情绪激化，但另一方笑脸相对，这时情绪激化的一方必然会逐渐冷却和缓和，进而使矛盾和误会得以消除。

◎微笑有利于沟通。常言道：微笑是人际间最短的距离。尽管双方从未谋过面，相视一笑，陌生感立刻降低，亲切感油然而生，沟通便有了良好的开端。

◎微笑有益于身心健康。俗话说:笑一笑，十年少。笑口常开的人，往往给自己一种心理暗示，沉浸在幸福快乐之中，进而促进个人的身心健康。

◎微笑能获得一定的回报。微笑能赢得客户的赏识，能获得顾客的好感，“回头客”自然就多，“和气生财”就是这个道理。

需要注意的是：微笑是眼神、面部肌肉和嘴唇形态三结合的一种面部表情，三者缺一不可。笑的关键在于眼神，如果一个人嘴角上翘，面部肌肉绷紧，眼神冷冰冰的，这就变成了冷笑。所以，微笑要发自内心，微笑要真诚，微笑要面部肌肉放松，微笑要自然、甜美。

职业场合的微笑禁忌

一忌皮笑肉不笑或嬉皮笑脸，使人感觉被嬉笑或不被尊重。

二忌夸张性地张嘴大笑，要做到笑不露齿，笑不出声，口型如同说普通话的“一”。

三忌不分场合地笑，要当笑则笑。别人着急上火时，你却微笑，会显得不严肃；别人悲伤痛苦时，你的微笑会显得没有同情心；别人有生理缺陷时，你面露微笑，可能产生误会；进入庄严肃穆的场合，你微笑会觉得你没有教养。

四忌在公众场合放声大笑，会破坏安静气氛，显得没礼貌。

五忌长时间发笑。微笑，微笑，只能微微一笑。长时间发笑，会变味。

5. 肢体修饰。

肢体修饰主要涉及的就是手和脚。手臂是工作中运用最为频繁的身体部位，握手、递名片、签字、递接物品等都要运用手臂。所以，在人际交往中，手臂被视为“第二脸面”，必须注意保养和修饰。

首先，是保持手臂清洁。手臂上不能留有任何污迹，如墨水、油印或油渍、紫药水、碳粉、灰尘等。职业人士要做到“六洗手”：即上岗和见客前要洗手，手弄脏后要洗，接触食物前要洗手，接触精密物品前要洗手，去过洗手间要洗手，运动之后要洗手。

其次，是手臂的修饰。职业人士的手臂修饰必须讲究庄重朴素，因此，应做到“五不”，即：

不留长指甲，一般应至少每周修剪一次；

不画彩甲，涂抹艳丽的彩色指甲油会显得轻浮；

手臂上不刺青或纹有彩色图案；

不佩戴过多的首饰，除单件的戒指、手镯外，一只手上的首饰过多，显得幼稚和虚荣，有失庄重；

腋毛不外露，女士穿旗袍、连衣裙等短袖衣服时尤应注意。

下肢的修饰当然不像手臂那么重要，但也不容忽视。一般应注意如下几点：

无论男女，都应当勤洗脚、勤换袜、勤换鞋，避免脚臭。

保持鞋面、鞋带、鞋跟、鞋底清洁，不能布满灰尘或带有污迹。

袜子的颜色不宜太艳或耀眼，如鲜红、明黄、艳绿、浅紫色袜子最好别穿。

男士不宜穿短裤，女士不宜光腿。

不穿拖鞋上岗和见客，否则会显得过于散漫和对人不尊重。

女士夏天穿凉鞋时，不宜光脚涂彩甲。夏天光脚穿凉鞋固然舒适，但涂上彩甲不仅显得轻浮，而且不够端庄和正式。

女士要注意裙、袜、鞋三者的颜色是否协调，裙和鞋的颜色必须深于或略同于袜子的色彩。鞋和袜的图案和装饰要尽可能少，且袜口一般不要外露。

不宜佩戴脚链等饰物。印度女士佩戴脚链等饰物很正常，但在我国就显得有些异化。

三、职业着装的礼仪规范与禁忌

服饰是一种文化，它可以反映一个民族的文化素养、精神面貌、物质文明和生活习俗。中国的旗袍、日本的和服、欧洲的燕尾服等都是民族文化的一种符号和象征。中国的少数民族服饰最能体现服饰文化的民族性。从这个意义上说，着装礼仪首先应遵循和符合民族文化的基本特征。换句话说，不同民族有不同的着装礼仪规范。但随着民族文化的融合，服饰文化也逐渐有了许多共性的东西。进而也就有了着装礼仪的共性要求。

着装是一种“非语言信息”，是个人素养、精神面貌、审美品位、社会地位、个性特征和生活状态的外在表现。观察一个人的着装习惯，大致可以判断出这个人的层次和修养水准。所以，服装是人际交往中的另一张名片，不直接送人，但却传递着许多真实的信息。人们初次交往中的“第一印象”很大部分来自着装。

1. 着装规范应遵循的基本原则。

着装礼仪的规范要求，大致可归纳为如下几大原则：

一是，符合国际公认的TPO原则。TPO是英文Time、Place、Object三个单词的缩写。“T”指时间，泛指着装要与早晚、季节、时代等吻合。“P”代表地点、场合、位置等，泛指着装要注意场合、室内室外、家居与工作、休闲与运动等区别。“O”泛指目的、目标、对象等，即要根据上班、社交、洽谈、聚餐、演讲等交往目的和想给对方留下的印象来选择着装。比如，运动装、牛仔服属于非职业着装，不太适合于工作场合穿着，同样，西装革履也不太适合于海滩休闲和运动娱乐场所穿着，上班时穿着宜规范严谨，下班后穿着可以张扬个性、宽松随意。

二是，合“礼”原则。合“礼”，即符合礼仪规范。服装具有重要的礼仪功能。我国古代有专门的礼服，发达国家也同样有专门的礼服。比如，婚礼、庆典、重要仪式、葬礼、重要场合或担当重要角色等都必须严格遵守着装礼仪。众所周知，美国人的穿着是比较自由和随意的。1983 年，里根总统在出访欧洲时，因穿着一套格子西装在电视上发表讲话，引起了一场轩然大波。因为，根据国际礼仪惯例，总统或政府要员在正式的外交场合应穿庄重的黑色礼服，否则，就是对人不敬的失礼行为。再比如，央视的主持人，不可能穿着便装出来主持重要节目。

三是，遵守着装的整体性原则。简而言之，着装要形成和谐的整体美。着装要起到修饰形体、衬托容貌、彰显内在气质等作用，就必须整体考虑款式、色彩、质地、佩饰、工艺及身份等的整体和谐和搭配。比如，穿西装时，必须穿皮鞋，不能穿运动鞋、旅游鞋、拖鞋或布鞋等。也不能上穿西服，打着领带，而下面则穿着短裤或运动裤。因此，整体美要在多种因素的和谐统一和精心搭配中才能显现出来。

四是，严格遵守服饰“五协调”原则。

第一，遵守着装与自身体形条件相协调。身材有高矮、体形有胖瘦、肤色有深浅，穿着要注意这类差异，扬长避短。充分考虑自身的身体特征，力求通过服饰来“避短”。比如，身材较矮的人，上衣应稍短一些，使腿比上身突出，服装款式以简单直线为宜，上下颜色应保持一致。而身材较胖的人，宜选择小花纹、直线条的衣料为好，颜色应选择冷色调，以达到视觉上“瘦身”的效果。腿短的人上衣不宜过长，体形偏瘦的人不宜穿紧身衣服，肤色偏黄的人，最好不要穿与肤色相近或颜色深暗的服装。

第二，遵守着装与年龄相协调。无论老少，都有打扮自己和追求美的权利。但要与自身的年龄相协调。年轻人穿得鲜艳、活泼、随意一些，能体现出年轻人特有的朝气蓬勃和青春之美，中、老年人着装则应注意庄重、雅致、深邃一些，展示出稳重、健康和成熟美。老年的花哨和年轻人的艳丽在颜色和款式上是有很大区别的。

第三，注意与自身的身份、角色相协调。如果你是活动的配角，你就不应打扮得过分耀眼，以免抢了主角的风头。如果你是柜台服务人员或销售人员，你就应当尽可能打扮得素雅些，以便使顾客充分展示自己的风采。如果你是高层领导或重要角色，你就不能打扮得随心所欲，应当打扮得庄重和高雅，凸显出自己的风度和气质。

第四，注意与时间相协调。比如，夏装宜淡雅，冬装宜深沉。白天工作时穿得庄重一些，下班后穿得随意一些。白天出席某些公众活动穿得正式和雅致一些，晚上出席宴会、舞会、联欢等公众活动可穿的艳丽和性感一些。

第五,注意着装与环境和场合相协调。办公室是一个严肃的地方，故上班应穿得庄重一些，不宜太随意。户外活动、旅游等，着装以宽松、舒适，方便运动为宜。平日居家，属私人空间，穿着可随意一些。但当有客人来访时，则应穿着整齐，如果穿着睡衣睡裤接待客人,那就显得有些失礼。出席一些特殊场合的活动,如婚礼、葬礼、庆典、重要仪式等，则应按礼仪规范选择穿着。婚礼宜穿得喜庆些，葬礼宜穿得庄严些，切忌穿得太艳丽等。

作为职场人士，应当基本掌握不同场合着装的一般规范要求：

★公务场合：办公场所、公务聚会、会谈、拜访、公务接待等属正式场合，着装宜庄重、保守、传统、雅致，适宜穿制服、套装等正装。

★社交场合：日常交际应酬，应视目的和档次而定。普通交际场合，如业余聚餐、娱乐、在茶馆和咖啡厅见面闲聊等，属非正式场合，允许张扬个性，穿着大方、得体就行。基本要求是时尚、典雅，有个性。而如果是较高档次的聚会、参加宴会、鸡尾酒会、参加舞会、音乐会等场合，大多属于工作场合的延伸，着装应考究，一般应穿制服或礼服。

★休闲场合：属非正式场合，着装宜舒适、自然、方便，家居装、运动装、牛仔服均可。如果在这类场合穿正装、制服，尤其是军装、警服等，反而会让人感觉不自在，有生硬、古板之感。

五是，保持服装整洁的原则。任何时候，着装都应当保持整洁，避免肮脏和邋遢，且职业着装讲究整齐、完好、干净、卫生。衣着不能有污渍、不能又褶又皱，不能不熨不烫，也不能掉扣子、线缝开裂或有破损，补丁外露，更不能有汗臭等气味。

2. 职业着装的基本规范。

何谓职业装？大部分将职业装理解为职业制服，如军装、警察制服、白衣天使、绿色信使、夹克式的工作服等。这些是为从事某种作业或活动时，统一形象、提高效率及安全防护的目的而穿着的特定制式的服装。我们所指的职业装已超出了这种狭义的理解。职业着装是能表明职业特征、在上班时间内穿着的服装统称。比如，“西装革履”是男性白领的通用职业装，西装套裙是女性白领的典型职业装。中式旗袍几乎成了饭店、宾馆迎宾小姐的职业装等。

职业装如今备受关注，主要是社会经济的发展和市场竞争的加剧，使企业形象越来越受到人们的重视所至。统一的职业着装作为企业形象的重要识别因素，能传递出企业的精神面貌、经济实力、管理水准和企业文化等多种信息，直接影响着企业的综合竞争实力。在某种意义上，职业装也成了企业品牌营销的延伸，是塑造企业形象的重要手段。职业装首先在服务行业普遍推行，金融、交通、酒店、餐饮、旅游、物业管理等服务业，如今几乎无一例外的实行统一着职业装，沿海等发达地区的工厂如今也基本都实行统一职业着装。由此可见，职业装已经受到人们的普遍重视。

企业员工着统一的职业装上岗，主要有如下好处：

◎作为企业识别标志，便于顾客辨认。比如酒店管理中，客房服务员、前厅行李员、保洁员、保安员、大堂经理等，凭服饰就可以识别，如果顾客有事需要咨询或服务，可以很方便地找到目标，这体现了对顾客需要的尊重和重视。

◎方便员工自我约束，维护企业形象。穿上职业装，就意味着提醒员工，现在是上班时间，自己处在服务对象和管理者的双重监管之下，不要懈怠，要注意自己的言行举止，给客户留下良好印象，以免损害企业形象。

◎便于内部管理。职业装通常有等级和岗位之分，员工在工作时间如果串岗，很容易识别和制止，也容易区分本企业员工和外来客户，方便管理。

◎有利于塑造企业形象。员工身着制作精良的制服，是宣传本企业形象的最佳广告。制服的优劣，直接体现企业整体的精神面貌、管理水准、企业经济实力、企业文化和决策者的气魄等。

◎有利于增强企业的凝聚力。员工身着制作精良的制服，无形中会产生一种自豪感和归属感。穿上制服，等于有一种无声的语言在时刻提醒员工，我们是一个整体，我是整体的一员，要为这个整体的利益着想，要展示整体的风采和形象，要践行整体的理念等。

因为职业装有展示企业形象的作用，所以，职业装应当考究，制作精良，切忌粗制滥造。一般说来，职业装穿着应当符合如下基本要求：

◇一是颜色和款式适当。职业装的色彩应遵循“三色原则”，即总体控制在“三色之内”，基本要求是单色、深色、无图案；

◇二是设计制作要精良；

◇三是尺码要合体；

◇四是岗位和等级要有区别；

◇五是外观整洁；

◇六是美观大方；

◇七是区分季节；

◇八是符合规范（包括国际惯例和日常规范）。

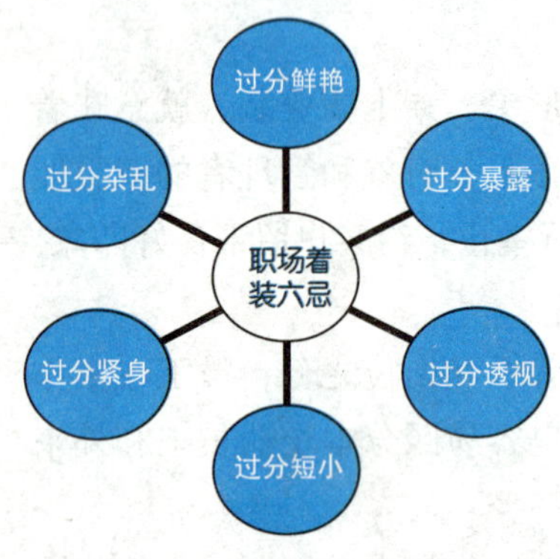

总之，职场着装有六忌：过分杂乱、过分鲜艳、过分暴露、过分透视、过分短小、过分紧身。衣服几乎谁都会穿，但如何正确着装，许多人却是似懂非懂，应当将其列入企业员工培训，尤其是新员工入职培训的基本内容。

3. 男士职业着装礼仪规范。

西装和中山装是职业男士正式场合着装的基本选择，颜色以黑色、灰色、蓝色为宜。而现在，随着对外交往的增多，西装套装几乎成了男士们在正式场合着装的唯一选择。西装套装讲究上下装面料一致，颜色相同，且应当选择高档面料，通常以100% 羊毛为首选，混纺面料次之。

纯黑色西服在西方通常用于极为隆重的正式场合，如婚礼、葬礼、重要庆典、颁奖礼等。商务场合比较常见的为深灰色、浅灰色、深蓝色西服。西装的穿着有相当严格的规范和要求，一些看似不起眼的细节常常会影响大局。以下几方面必须高度重视：

第一，西装在造型上强调富有挺括之美，所以，西装面料要有挺括的质感，要线条流畅，要熨平烫直，切忌又褶又皱。

第二，穿西装，衬衫是个重点，颇有讲究。衬衫领口必须挺括无皱褶，衬衫下摆必须塞在西裤里，袖口必须扣上，不可翻起。不系领带时，领口可以敞开。衬袖长度以长出西服袖口 1~2.5 厘米为宜。衬衫颜色以白色最为正规，浅灰色次之。西服一般不要穿深色衬衫，尤其不要穿过于艳丽色彩的衬衫。

第三，“领带是西装的灵魂。”素雅的西服、白色的衬衫之间，凸显出色彩夺目的领带，给人一种飘逸的美感。因此，正式场合穿西装而不系领带，其西装就会显得苍白无力。1945年8月，美军登陆日本，麦克阿瑟将军会见登门拜访的日本天皇时，身着西装而没有系领带，使日本朝野舆论一片哗然，认为这是美方对日本天皇的不敬。可见，正式场合是不宜穿休闲西装的。领带的宽度不宜过窄，过窄的领带显得很小气。如果穿有背心的西服，领带必须置于背心之内，领带尖也不应露出背心之外。不穿背心时，应注意领带的上片不宜过长或过短，以垂至腰带之上为宜，领带垂至裤腰之下不雅。

第四，正式场合穿着西装，应遵循“三统一原则”，即皮带、皮鞋、皮包应为统一颜色。最常见的颜色是黑色。需特别强调的事，穿西装一定要穿皮鞋，不能穿布鞋或旅游鞋。且皮鞋要擦亮，不要布满灰尘。穿皮鞋必须穿袜子，袜子的颜色应比西装颜色稍深，不宜穿白色或很浅色的袜子。

第五，西装上衣两侧的口袋只作装饰用，不宜装东西，上衣胸部的口袋是专装手帕之用，不宜用来插钢笔等其他物品。西裤左右的口袋和后袋同样不能装鼓囊之物，以免影响西服的整体美感。

第六，刚买来的西服如果袖口上缝有商标，应当将商标拆除后再穿。

第七，西装讲究整体完美，不可掉扣子、有破损、有污渍、开线缝等残迹。

第八，西装分单排扣、双排扣，单排扣的西装可以敞开着穿，双排扣的西装在正式场合一般不宜敞开穿。如果是单粒或两粒扣子的西装，一般只扣上面的一粒，如果是三粒扣子的西装，一般只扣中间的一粒，其余的扣子都是样扣，不必扣上。但西装背心不管是单穿，还是与西服配套穿，背心的纽扣不能敞开，必须全部扣上。

男士穿着西装的八项注意

一要注意拆除商标。

二要注意穿着顺序，先穿衬衫，系好领带，梳理头发，再穿西服。避免头发和头屑落在西服上。

三要注意扣对纽扣。

四要注意避免卷挽衣袖和裤腿。

五要注意搭配适宜。

六要注意减负，口袋别鼓鼓囊囊。

七要注意熨平烫直，避免褶皱。

八要注意“四不要”：衣袖不要过长，衣领不要过高，不要长期总穿一套，西装不要淋雨。

4. 女士职业着装礼仪规范。

职业套装是白领丽人的最佳着装。一般来说，对职业女性而言，虽然裙子和裤子没有太大差别，但裤装不如裙装更能显示出女性的柔美，所以，正式场合裤装不如裙装更规范、更得体。因此，在隆重的交际场合，最好选择裙装。颜色应以素雅为主，素雅的套装能给人一种稳重和朴实无华的感觉。

职业女性的着装，比起男士来要更加丰富多彩。除职业西装套裙外，旗袍、连衣裙、衬衫长裙、庄重雅致的时装等均可。女性的职业套装也不像男士西装那样有那么多的规矩，相对比较个性化一些。但同样也有一些必须严格注意的细节。

第一，正式场合穿着的套裙，面料应当考究，且上衣和裙子的面料应当一致，色彩应当以冷色调为主，最好是素色，如藏青、炭黑、深灰等单色。

套裙的长短没有严格规定，一般认为，裙短不雅，裙长无神。最理想的裙长是下摆稍稍过膝为宜。

第二，套装一定要成套穿着，并配上与之协调的衬衫、高领羊毛衫等。与西服上装搭配时，多以一步裙为宜，大摆裙、百褶裙等与西服上装不匹配。

第三，穿套裙一定要配以连裤袜或长筒丝袜，切忌不要在紧身裤外穿套裙。

第四，套裙一定要与皮鞋搭配，中跟与高跟均可，但不宜穿平底鞋或粗跟鞋，也不宜穿系带式皮鞋、高筒式皮鞋、皮靴等。夏天，套裙配搭凉鞋并非不可，但要选择那些款式大方优雅的，不宜配搭那些太前卫、暴露太多的凉鞋。而且要高度重视裙、鞋、袜三者的颜色是否协调。基本要求是：裙和鞋的色彩要深于或略同于袜子的色彩。因此，鲜红、明黄、翠绿、浅紫色的袜子最好别穿。袜子多以肉色为主，且单色为好。鞋、袜上如果配有一些时尚的图案，花花绿绿，只会给人肤浅的感觉。如果搭配不当，同样给人感觉很不舒服。比如，如果一位女士穿白色套裙、白色皮鞋，再穿上一双黑色袜子，会给人一种“乌鸡腿”的感觉。

第五，穿套裙不要露袜口。暴露袜口，是公认的缺乏服饰品位且失礼的行为。

第六，衣扣一律全部系上，女士不允许部分或全部解开衣扣。像男士那样穿西服是不合礼仪规则的。

第七，要穿衬裙。特别是夏天穿薄质、浅色面料的套裙时，如果不穿衬裙，就可能使内裤若隐若现，极其不雅。

第八，穿套裙时要注意化妆。不能不化妆，也不能化浓妆。高雅职业女性的形象是以穿着打扮、化妆和配饰风格相统一的整体，素面朝天的职业女性会显得苍老、疲倦和缺乏精神。

第九，注意手提包要与套裙匹配。女士的手提包很有讲究，职业女性的手提包不同于一般的女士坤包，不仅要装日常用品和化妆品，还要装文件等，因此，包不能太小太新潮，否则，会给人只会打扮不会工作的“花架子”的印象。穿套裙时要配皮包，不能提布包或档次太低的包。

第十，佩戴的饰品要与角色相符。套裙讲究佩饰简单、雅致，宁可没有，不可随意。穿套裙时饰品宜少不宜多，饰品宜小不宜大。贵重饰品在人们眼中是金钱地位的象征，佩戴过多会给人故意显摆的感觉。职业女性佩戴的饰品只能起点缀的作用，否则会给人“画蛇添足”或杂乱无章的感觉。

此外，穿套裙要注意场合，职场和社交场合，套装最合适，但舞会、音乐会、晚宴、休闲等场合，套裙有时会显得格格不入。某些隆重的典礼或晚宴上，女士适宜穿晚礼服、旗袍等，讲究张扬个性、妩媚和性感等，但那样的服饰不适合普通社交和职场仿效。

职业女性着装的八大禁忌

一忌穿过分暴露的服装，职业场合敞胸露背是不严肃的。

二忌穿过透的服装，职业场合让内衣内裤都“原形毕露”很是不雅。

三忌穿过短的服装，小背心、超短裙、无领无袖衣服等都不宜在正式场合穿着。

四忌穿过紧的服装，衣着过紧，虽然有利于展示肢体曲线美，但容易将内衣、内裤的轮廓凸显无疑，显得很不庄重。

五忌穿过于艳丽服装，鲜艳夺目、大花图案的服饰，都不宜在职业场合穿戴。

六忌穿过于破旧的服装，面料已退色或有残损、补丁的衣服都不宜在职场穿着。

七忌正式高级场合光腿，且裙、袜之间要无空白，否则被称为“三节腿”。

八忌职业场合穿黑色皮裙，尤其在对外商务交往中。

5. 职业着装的佩饰礼仪。

佩饰也是一种无声语言，可借以表达使用者的信仰、阅历、教养、身份和地位，以及审美品位等。佩饰的某些暗示作用，是服装等难以替代的。有人将佩饰和服装的关系比作房屋与装潢的关系，没有房屋，装潢无从谈起，而没有装潢的房屋，虽然同样适用，但毫无美感可言。

佩饰，是指人们着装时选用、佩带的装饰性物品。对于着装而言，佩饰起着辅助、烘托、陪衬、美化和点缀的作用。正因为这样，着装时佩戴的佩饰种类不宜过多，佩饰的质地不宜过杂，样式不宜过繁，以免“喧宾夺主”或“画蛇添足”。

佩饰的种类很多，包括头巾、围巾、披肩、帽子、发饰、眼镜、首饰、胸饰、挂件、手表、提包等。这些饰物要求融实用性、装饰性、艺术性于一体，力求着装与佩饰的整体和谐，以获得完美的效果。换言之，佩饰只能“锦上添花”，绝非多多益善。

一般说来，佩饰的佩戴应遵守如下基本礼仪规则：

数量规则——宜少不宜多。除耳环外，同类饰品最好不要超过一件。

质地规则——宜高不宜次。不戴饰品无所谓，要戴就要戴质地、做工比较讲究的，要与自己的身份和地位相匹配。佩带低档次饰品等于损害自身形象。

习俗规则——尊规重矩。不同民族和地区，饰品佩戴的习俗有别，应予了解和尊重。

搭配规则——与着装协调，风格匹配。着装与佩饰在质地、款式、色彩等方面应体现出整体美，不宜风格各异，色彩零乱。

场合规则——符合礼仪。高档饰品，多适应于隆重的社交场合佩带，不适宜于工作、休闲、运动场合佩戴。

身份规则——与自身性别、年龄、职业、地位、体型条件相符。

常用佩饰的礼仪禁忌：

帽子：戴帽和脱帽有很强的礼仪要求，不宜随意。男士着正装时不宜戴便帽，必须戴礼帽，且帽子要戴得端端正正，不宜标新立异，歪歪斜斜地戴帽子。不仅显得不正派，而且失礼，显得对别人不尊重。

眼镜：参加室内活动不宜戴墨镜，确有眼疾需要戴墨镜保护或遮丑时，应向交际对象说明并表示歉意。

戒指：最初，戒指是宫廷中后妃群妾们例假期间用来表示“避忌”君王“御幸”的警戒信物，并非为了炫美。后来，传入民间才逐渐有了装饰美化功能，但其基本的传递信息功能依然是主要的。因此，除新娘外，忌戴两枚或两枚以上戒指，切忌戴错手指，以免误会。

耳环：仅为女性所用，且一般需配对使用。不宜一只耳朵上同时戴多个耳环。在西方，男性也有戴耳环的，但习惯做法是左耳戴一只，右耳不戴。否则，会被视为同性恋者。在我国，男性不宜戴耳环。职场女性一般情况下不宜戴特大型耳环。

手镯和手链：男性不宜戴手镯，但可以戴手链。女性不要在一只手上戴多只手镯。一般应戴在左手上或左右手同时戴一只。手镯和手链一般不要同时佩戴在一只手上。

项链：男女均可使用，但男士佩戴项链时一般不要外露。女士的项链可以外露。通常，所戴的项链不应多于一条。

手表：怀表、链表等虽然古朴，但已不合时宜，与时代气息格格不入，不宜佩戴。在正式或严肃的场合，职业人士不宜佩戴卡通表。

四、肢体语言和仪态礼仪规范与禁忌

职场人士的肢体语言涉及许多方面，最基本的内容包括：手势、站姿、坐姿、走姿、蹲姿及陪同引导等礼仪规范。

1. 手势礼仪规范与禁忌。

所谓手势，是指表示某种意思时用手所做的动作。手势是一种无声语言，恰当运用，能传达信息，增添魅力。但在人际交往中，

明确说出来的语言尚且有被误会的时候，无声的手势就更难免引起误解。手势的运用要准确、规范、适度，才能给人一种优雅、大方、彬彬有礼的感觉。所谓准确，就是千万不要让手势与语言表达的意思无关或不一致，这样会引起误解或沟通障碍。所谓规范，就是要符合礼仪要求。所谓适度，就是手势幅度不宜过大，也不宜过多，否则就可能失礼或显得在故意装腔作势。

使用手势需注意以下几大问题：

要竭力避免在日常生活中使用一些不合规、甚至失礼的手势，否则，会令人极其反感或严重影响交际形象。比如：当众搔头皮、掏耳朵、抠鼻孔、咬指甲、剔牙、搓表皮污垢、用手指在桌上乱画、用手指指向对方等。

注意地域差别。不同国家，不同民族，同一手势的含义可能有别。

手势宜少忌多。过多的手势往往令人费解。

引导或提示他人时通常使用右手、五指并拢、掌心朝上。

挥手道别或举手致意时掌心向外、指尖朝上。

递接物品时应起身、双手、主动上前、指尖朝内。

日常手势使用的六大禁忌

一忌用手指指向别人，这是失礼的行为。如需指示什么，应用手掌。

二忌头枕双手，这是自我放松的手势，会给人暗示我已疲倦，不想再谈的意思。

三忌手插口袋，尤其是服务或管理人员，会给人以管理松散之感。

四忌摆弄手指，反复摆弄自己的手指，显得很无聊，这是对对方的一种轻视。

五忌抓耳挠腮，抚弄身体。如摸下巴、揉眼睛、抓痒、抠脚等。

六忌在公众场合频打响指，显得很幼稚、很不严肃、很不稳重。

2. 站姿礼仪规范与禁忌。

站姿就是人体自然直立时所采取的姿势。一般来说，男性站姿讲究稳健、挺拔，女性站姿要求优雅、秀美。

规范站姿的基本要点：

◎抬头、正首、梗颈、挺胸、收腹、立腰、提臀。

◎双肩平正放松，双臂自然下垂于身体两侧或放在身体前后。

◎躯干挺直，身体重心在两脚中间。

◎双腿直立，保持身体端正。

◎目视前方，嘴微闭，面带微笑。

在升国旗、奏国歌、领奖、接受检阅和接见、致悼词等庄严的场合，应采取严格的标准站姿，而且须神情严肃。但在职业场合，

比如作报告、发表演说、主持活动等，在遵守基本站姿的基础上，可以根据具体情况和性别特点做局部调整，主要是手位和脚位的变化。

男性：可以右手轻握左手腕部叠放于腹前（前腹式站姿），双脚稍微分开（与肩同宽）；也可以将双手

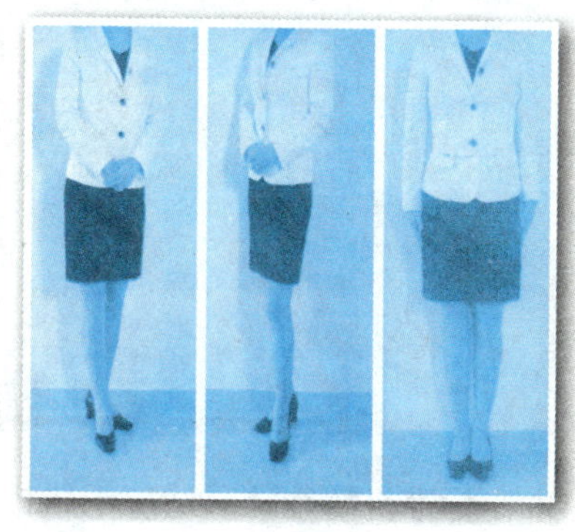

相握置于身后（后背式站姿），两腿靠拢或略微分开，脚跟靠近，两脚呈“V”字形状。使体态显示出英俊潇洒、刚健挺拔的美感。

女性：可以右手轻握左手四指自然置于脐部，双腿并拢，双脚呈“丁”字形,或双脚以一条腿为重心，稍许交叉。显示出女性的优雅大方、清秀和娇美。

这些站姿给人的感觉是无精打采，或委靡不振，或缺乏健康和朝气，或是漫不经心，松垮散漫，对人全无恭敬之意，让人感觉缺乏教养。

应尽可能避免的不良站姿：
身躯歪斜，依墙靠门。
弯腰驼背，耸肩缩脖。
仰脸腆肚，趴伏依靠。
双手环抱胸前、手叉腰、双手抱头。
双腿大叉开，手插裤袋或衣袋。
双腿弯曲或交叉。

3. 坐姿礼仪规范与禁忌。

坐姿主要掌握几大基本内容，即标准坐姿、入座礼仪、离座礼仪、上身体位、下肢体位、不良坐姿。此外，要清楚不同场合的正确坐姿及礼仪要求。

标准坐姿，也叫双腿垂直式，俗称“正襟危坐”，其基本要点有：

◎头部端正，两眼平视，目光柔和。

◎上身保持正直。

◎双腿自然弯曲，双脚平放地上。男性双膝双脚可稍微打开，间距与肩同宽或稍窄，女性双膝双脚应并拢。

◎男性双手可掌心朝下分放于双腿上，女性双手应交叉叠放在大腿上。

标准坐姿往往只适应于照相、应考或面试等场合。日常生活中，不同场合下，其坐姿应有所区别。否则会显得极其呆板。不同场合下的坐姿有明显区别。

入座的基本礼仪：

◎在他人入座之后再入座。和客人一起入座时，出于礼貌，要分清长幼尊卑，先请对方入座，而后才能自己入座。抢先入座是失礼的行为。

◎从座位左侧入座。既出于礼貌，也方便就座。

◎向周围的人致意或打招呼。要坐在别人身旁，最好先征求对方同意。

◎注意座位的尊卑，主动将上坐或舒适的座位让与他人，在合“礼”的座位就座。

◎悄无声息地就座。尽量不要动作过猛，挪动座椅，制造噪声。

◎以背部接近座椅，以免背对他人。

离座的基本礼仪：

◎事先示意或声明，以免一蹦而起，惊扰他人。

◎注意合“礼”顺序，尊者先行，先起身者先行。

◎起身尽量不要弄出声响，缓慢起身。

◎从右侧离座。

不良坐姿与坐姿禁忌：

不良坐姿主要表现在肢体过于放松，手脚摆放不规范及座位不当等方面。

◎双腿叉开过大，不管是小腿还是大腿都极其不雅。

◎架腿宜谨慎，要讲究大腿相架且要并拢，避免显得太放肆。

◎双腿直伸出去，可能有碍他人，且不雅。

◎将腿架在其他物体上，尤其是将腿抬到身前的桌子或椅子上，极其不雅且失礼。

◎不停地将腿部抖动摇晃，显得极不安分。

◎脚尖直接指向他人,很是失礼。

◎将手置于桌下或支在桌上，都是不合礼仪规则的做法。

◎双手抱在头上、夹在双腿之间都是不良坐姿。

◎上身趴伏在桌椅上或其他物体上，显得很懒散。

◎头部靠在椅背上，显得过于放松，对人不够尊重。

◎坐在不适宜的物体上，如坐地上、坐窗台上、坐桌子上等都属坐姿禁忌。

不同场合的坐姿要求：

日常生活中，不同场合下，其坐姿应有所区别。否则会显得极其呆板。在外人面前，尤其是职业场合，如会谈、拜访、会客等商务活动中，务必要自觉地采用正确的坐姿。

谈判、会议等比较正式的场合，气氛比较严肃，一般要正襟危坐，要求上身正直，端坐于椅子中部，双手放在桌上，避免全身重量集中于臀部。表现出严肃认真且自信的精神面貌。

拜访、会客、交谈、倾听他人教导时，尤其对方是长者、尊者、贵客时，坐姿除了端正之外，还应注意坐在座椅或沙发的前半部或边缘，身体稍向前倾，表现出一种谦虚、耐心、重视对方的仪态。切忌采取后仰式的坐姿，不仅显得缺乏教养，且给人以傲慢、无礼的形象。

在轻松、随便的非正式场合，当然可以坐得自然、放松一些，且可以不时变换坐姿，以调节和放松全身肌肉，并使人感到亲切一些。不同场合下的坐姿参见下图。

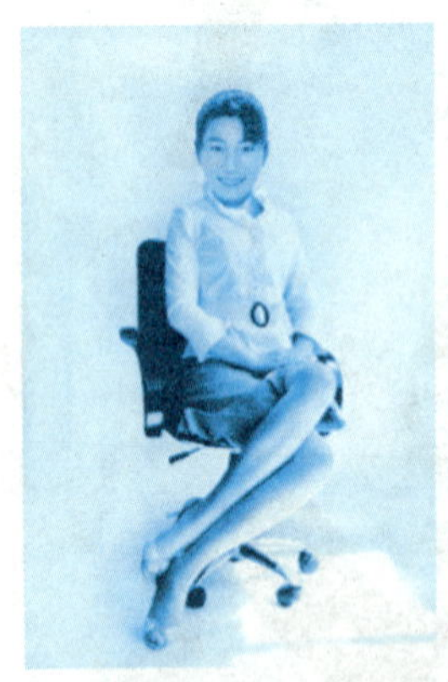

4. 走姿礼仪规范与禁忌。

站姿和坐姿基本属于人体的静态造型，但走姿是人体的动态造型。走姿，即走路的姿势，它展示的动态美。有的人走姿难看，有的人则走姿潇洒、优雅。模特、仪仗队、军人等特别强调展示这种动态美感。走路，几乎每个人都会，但要走出风度、走出美感、展示优雅却并不简单，就需要掌握走姿要领，且要靠平时的训练和注意，逐渐形成习惯。

严格按上述要求走，才能在行走时保持稳健、从容的体态和轻松矫健的步伐。

正确走姿的基本要领

双肩平稳，两眼平视，挺胸收腹，伸直腿部。

步幅适中，速度均匀。

身体协调且足迹呈直线。

重心落在前脚掌。

双肩前后自然摆动。

一般说来，男性走路速度稍快，步幅稍大，步伐奔放有力，以展示男性的阳刚之美。而女性走路则速度稍慢，步幅较小，步伐轻快飘逸，以表现女性特有的优雅与轻柔之美。

不同场合的行走礼仪

◆陪同引导的礼仪。陪同引导客户时，一般应走在客人的左侧或外侧，行走速度应与客人协调，切勿走得太快或太慢，每当经过拐角、楼梯、照明欠佳或道路不平处时，应注意及时提醒和关照客人。在行进中与对方交谈时，应以上身、头部转向对方即面向对方交谈。

◆上下楼梯的礼仪。遵循“右上右下”原则，切忌并排行走，要给急于上下的人留出通道，也不要停留在楼梯上交谈或休息，以免堵塞通道。注意礼让客人，切忌与人抢行，但陪同和引导客人上下楼梯时，应先行在前。

◆进出电梯的礼仪。基本规矩是:等里面的人出来后再进入电梯，否则容易出现拥挤和碰撞场面，妨碍他人。尊重周围的乘客，不抽烟、不吃东西，留意自己的东西是否妨碍他人，注意避免碰撞和踩踏别人。进入电梯后，应尽量站在里边，不能堵在门口，出电梯时应提前换到电梯门口，以免耽误时间。陪同和引导客户出入电梯时，一般应“先进后出”，以便控制电梯。

◆出入房门的礼仪。一要事先通报，以叩门或按铃等方式向屋内人通报。不管别人的房门是否关好，都应先通报，冒冒失失地走入别人的领地是很失礼的行为。二要以手关门，用肘顶、用膝盖顶、用臀部或用脚踢等开门或关门的方式都是失礼的行为。三要遵守“后入后出”的原则，出于礼貌，应礼让客人先进门、先出门。四要为人拉门，以示礼让。

◆变向行走的礼仪。与人交谈或同行时，扭头就走是失礼的行为。应先向他人示意或告别，而后再后退、转身等变向行走。且变向时要讲究头后转，身体先转。

◆其他场合的行走礼仪。陪同来宾参观等要照顾来宾的行走速度，且善于引导；往来于部门之间办事联络，步伐要快捷、稳重，展示办事者的干练和高效率；迎接嘉宾、外宾等重要场合，步伐要稳健、节奏要舒缓；走入会场、迎向宾客时，步伐要稳健、大方，充满热情；进入办公场所、登门拜访等，脚步应轻盈而稳重；参观展览、探望病人、进入图书馆等环境安静的场合，脚步要轻盈，避免弄出声响；参加葬礼、瞻仰遗容、追悼和纪念活动等，步态要缓慢、沉重，以展示哀伤的情感；参加婚庆、联欢等欢庆活动，步态应轻快，面带微笑，以展示喜悦及欢乐的心情。

总之，不同场合不仅要注意不同的走姿，更要注意不同的行走礼仪。

行走禁忌

一忌步态不雅。“八字步”、“鸭子步”、“猫步”及仪仗队式的行军步等在日常生活中都是不适宜的。肩臀摇晃过大，双臂横摆等不良走姿，会显得放荡或轻浮。大步流星、贼头贼脑、左顾右盼、弯腰低头、下巴朝前、眼睛朝上、身体僵硬等行走姿态都属不良走姿。

二忌脚步过重。鞋底铿锵有声，引人注目。

三忌穿行人群。群体集会场合，往来穿梭，容易发生碰撞和踩踏，应尽量避免。必须穿行时，应不停地打招呼，“对不起，请让一让”或“劳驾，借光”、“谢谢”等，不能凭借力气，强行挤钻。

四忌与人抢行。人多路窄处讲究“先来后到”、“礼让三先”，对老人、妇女、儿童应让其先行，以表谦让和礼仪。让客人先行，以示尊重。

五忌违反通行惯例。一般应遵循“右侧通行”的规则，以免迎头碰撞。

六忌在公共通道上手拉手或勾肩搭背并排行走，妨碍他人通行。

5. 蹲姿礼仪规范与禁忌。

一般情况下，采用蹲姿较少而坐姿较多。蹲的姿势大多是特殊情形下所采取的暂时性体位。比如，低处取物、给予客人帮助、捡拾地面物品、临时整理鞋袜或照相等。蹲姿与坐姿和站姿不同，没有特殊情况不宜采用。否则，会给人感觉不适、情绪低落或缺乏教养的误解。

蹲姿的基本形态：

高低式。双膝一高一低，左脚在前，完全着地，小腿基本垂直于地面，右脚稍后，脚掌着地，脚跟提起，右膝略低于左膝，臀部向下。

交叉式。蹲下后右腿在上，左腿在下，双腿交叉重叠，右脚在前，左脚在后，右小腿垂直于地面，全脚着地，上身略向前倾，臀部朝下。

半蹲式。臀部朝下，双膝略微弯曲，身体重心放在一条腿上，上身稍微弯下，两腿稍微分开，呈身体半立半蹲的姿势。

半跪式。双腿一跪一蹲，一条腿全脚着地，小腿垂直于地面，另一条腿跪下，脚尖着地，臀部坐其脚跟上。

蹲姿禁忌

一忌突然下蹲，可能造成重心不稳，向前倾倒，或惊扰旁人。

二忌距离人太近，相互碰撞。

三忌方位失当。面向他人或背向他人下蹲，都是不礼貌的，最好是与他人侧身相向。

四忌弯腰撅臀。这种蹲姿对身着短裙的女性，尤其不雅。

五忌大腿叉开。女性下蹲时双腿必须贴紧，避免走光。

✲实训操作练习与演示

1. 分组进行站姿、坐姿和走姿练习。

2. 女士每人至少做一次职业妆、晚妆的化妆练习。

3. 每人从自己的服装里分别挑选出一套职业装、休闲装搭配，并做着装打扮练习，互相品评。

4. 以组别为单位，进行一次职业着装评比活动，评选出最佳着装和最佳职业形象代表，并进行展示和品评。

5. 每人对自身周围的人进行观察，至少举出一、二例言行举止或着装打扮不符合礼仪规则的现象。

6. 对照所学的礼仪规则，每人对自身的发型、仪容、佩饰搭配、着装习惯和言行举止进行一次全面检测，找出其中的问题，并进行纠正。

7. 以 3 ~ 5 人为一组，分别进行不同场合的站姿、坐姿练习，并互相点评。

8. 以组或团队为单位现场进行走姿展示，并进行相互点评。

9. 分别假设不同场景，进行陪同引导的走姿礼仪规则练习。

10. 分别假设洽谈、会客、拜访、汇报、面试等场景，进行坐姿礼仪规则训练。

第3讲

3

求职与面试礼仪须知

引例一

求职面试众生相

某日，某著名跨国公司的上海日化工厂的会议室挤满了应聘者，这时一位工作人员怀抱一大堆材料进来拿东西，手中的材料不慎掉了一地，就近者看着未动，较远处一位应聘者赶紧过来帮忙，随后，在场的应聘者接到通知，主动帮忙者被录取，其余人落选。

某人在应聘某国际著名电脑公司营销部业务员的复试中，异常紧张，临走时竟把包遗忘在身后的椅子上，结果落选。

某人在某集团的一次全英文招聘复试中，多次使用“do you understand?”，结果落选。

某人在某电器集团的面试中被问及其对本公司了解多少，应聘者回答说，“还没来得及了解”，结果落选。

某人在某银行理财客户经理的招聘面试中，思维敏捷，对答如流，给招聘者留下了较深的印象，快结束时，应聘者问：“我可以问个问题吗？”招聘者答：“当然可以。”“你们的客户经理待遇如何？”招聘者回答：“客户经理的起点薪酬不高，大约是2500～3500元之间，另加业务提成，主要看你的工作业绩。干得好的客户经理，月薪过万、甚至几万元都有可能。”应聘者又问：“如果我帮客户理财，让客户赚了大钱，客户愿意给我一些酬劳，公司允许吗？”招聘者答：“不允许，客户经理给客户的任何服务都是职责范围内的义务服务，不允许向客户收取任何形式的酬劳。”应聘者继续说：“我觉得……”这时招聘者示意结束，告知其回去等通知，结果落选。

案例赏析：

在没有充分展示你的能力之前，招聘者所看到的是行为举止、习惯和思维理念等，这些看似与职业素养无关的东西恰恰决定了他对你的品行修养的判断。从这个意义上说：“成功源于细节”，一点也不为过。

引例二

简历与求职信的学问

甲、乙、丙三人同为某大学市场营销管理专业的应届毕业生，相约次日一同去参加市里某大型人才招聘会。

甲身为学生会干部，不仅口才好，成绩也较优秀，尤其具有较好的文字水平，经常在校刊上面发表短文作品，人也长得比较帅气。甲精心制作的简历囊括了他大学生活中的所有精彩部分，有多种题材的照片、有各式各样的获奖证书、资格证书、作品选样等，简历综合了自身的远大理想、豪言壮语、专业特长和业余爱好等各个方面，洋洋洒洒数千字，外加一份措辞儒雅、文笔流畅的长长的求职信，印刷精美，排版漂亮，如同一本自传。可当他将简历和求职信礼貌地递给招聘者时，招聘者翻翻就退给了他。甲乘兴而去，败兴而归。

乙人长得帅气，爱好体育，性格豪放，但成绩平平，做事“粗枝大叶”，他手写的简历简简单单，字迹潦草。仅有一页纸的简历中错别字就有好几个。结果，所有的用人单位都对其表示了婉言拒绝。

丙则是一位相貌平平，为人诚实，办事认真的女生，她的简历非常简洁，英语六级、业余钢琴七级，以及曾经的实习经历和兴趣爱好等表述得清清楚楚，外加一份措辞诚恳、字迹工整的手写求职信，把自己的求职取向、职业生涯目标及发展思路、对薪酬及就业环境的认识等都很简练地表述了自己的态度。她在招聘会上有的放矢地只投放了三份简历，面试了两个单位，结果就被录取了。

案例赏析：

简历，谁都会写，但“简历”首先要“简单明了”，其次要突出特色和重点，自己的“卖点”既要显现无遗，又要恰如其分，尤其是技能、经历、奖项等要择其重要的罗列，切忌啰唆和面面俱到。招聘单位的人通常一次要浏览大量的简历，如何吸引其眼球，使之愿意看下去，必须要言简意赅。因此，简历虽“简”，但求职者的文笔水平、处事态度、思维逻辑、礼仪修养和专业特长等必须清晰可鉴。

一、书面求职资料的礼仪规范

向用人单位递交能反映求职者素质水平和专业特长的书面材料，这是叩开用人单位大门的第一块“敲门砖”，主要只是为了争取获得面试机会。如果这块“敲门砖”制作不好，那么，就意味着你连面试的机会都得不到，更不要说求职成功了。

求职的书面资料一般包括：求职信、个人简历、相关文凭及职业资格、职称和技术等级证书复印件、获奖及荣誉证书、其他身份证明及相关资料证明等，用人单位往往根据这些材料来判断求职者的基本素质水平和职业能力档次，并据以进行初选。

表面上，求职资料只涉及个人客观情况的简单介绍，实质上，并非如此。求职资料同样能展示出一个人的思维逻辑、品性、职业素养、礼仪修养及行为习性等许多隐性特质。比如，资料整理水平，本身就是多数职员类工作素质的一种体现，一个高素质的员工，经他整理提交给上司、客户、同事等的资料，一定是简明扼要、形式规范、看上去舒服、用起来方便的。如果你整理出的个人求职资料都是残缺不全、主次不分、逻辑混乱的，那么，你的职业素养一定值得怀疑。有些人的“个人简历”时间顺序交错不清，能力特长要么夸夸其谈，要么含糊不清，这种人要么是思维逻辑混乱，要么是想遮遮掩掩、蒙混他人。因此，求职资料应注意几大问题：

一是择要提供，避免重复和累赘。比如多个学历文凭只提供最高级的一份就够了，有了硕士或博士文凭，再附上本科或大专的文凭就显得多余。多项获奖证书只需提供最高级奖项就够了，无需凑数式的全部提供。再比如，“业余钢琴八级”足以反映你的音乐技能和素养，再将历年所获得的一大堆学校和县、市级音乐比赛获奖证书加入资料中就显得多余。

二是注意资料的完整性，避免种类残缺。简历、求职信、文凭或应届毕业生就业推荐表、职称、从业资格证书、技术等级证书和身份证明，以及与求职岗位相关的书面资料需一应俱全。而与求职岗位不相干的资料一概不要加入在内。

三是资料要力求准确无误，避免虚假和差错。提供的资料不仅要真实，而且要经得起推敲，能力和任职经历等切忌过于修饰、遮掩，文字叙述没有错别字，且没有文法错误。

四是要格式规范、形式美观大方，便于存档、复印和保管。有的人提供的求职资料，纸张大小不一、复印件字迹模糊不清，有关证书难于辨认真假，这些都不符合文字资料整理的基本规范。

五是招聘方想要了解的东西你必须尽量提供，而与其无关的信息则尽量不提供。尤其是对求职岗位的要求、待遇要求、求职意愿等应有清晰表述，使招聘者对你是否符合他们要招的人员的素质水准有一个基本判断。

六是求职信最好手写。俗话说“字如其人”，手迹在一定程度上可以反映个性特征、处事态度和文字处理能力。且要注意称呼得当、措辞礼貌，要求得体，包装适度，语气应不卑不亢，用词儒雅得体。除照片外，资料尽量不要用彩色的，因为节俭是一种美德，不必要的奢华就是浪费。用人单位往往能从这样一些细节去观察求职者的某些品质。

1. 求职信。

求职信不仅要遵循一般书信的写作礼仪规范，而且实质上是一份个人“市场销售建议书”，在向对方推销自己的同时，侧重考虑的是读者的需求，你的每一句话都在表明你能满足他的要求，每一个词都是为了消除对方的某种疑惑。为什么你要应聘这个岗位？你的素质是否符合该岗位的要求？你究竟是个什么样的人？你究竟有哪些要求？你的培养潜力有多大？如此等等，用人单位从你提供的资料里都能找到基本的答案。你获得面试的概率当然也就会大大增加。以下是一封“求职信”范本，供参考。

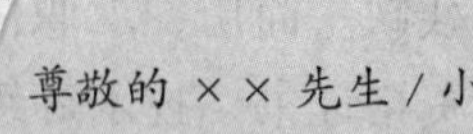

尊敬的 ×× 先生 / 小姐：

您好！

本人从贵公司网站获悉欲招聘人力资源主任助理的信息，我自信能符合贵公司该岗位的要求，故冒昧打扰，请予见谅。

本人系 ×× 大学“人力资源管理”专业的应届毕业生，在校期间已取得“助理人力资源管理师”资格证书，之前，我在 ×× 市人力资源服务中心从事了为期三个月的毕业实习，对人力资源招聘、测评、培训和人力资源管理程序等实际操作有了一定的实践体验。我的毕业论文选题为“×× 员工激励与业绩考评初探”，通过研究，我已对企业人力资源管理的相关内容、程序和操作有了切身体会，对所学知识与实际相结合的运用有了较深的体会和认识，希望能在贵公司一展身手，与贵公司的同仁一起共谋发展。

本人在校期间多次获得二等奖学金，曾担任过班长、院学生会学习部长等职，自信具有良好的组织协调能力和很强的团队协作精神，一贯工作认真负责，敢于面对任何困难和挑战，为人诚实，性格开朗，办事公道。因初入职场，看重的是锻炼机会和发展空间，对薪酬待遇等无特殊要求。贵公司属我市知名企业，近年来发展十分迅速，我相信如有幸加盟，一定能获得广阔的发展空间。

随信附上我的简历和相关证明材料。如有机会与您面谈，我将倍感荣幸和十分感谢。

顺颂商祺！

魏涛　敬上

20××-××-31

（又及：我的联系方式是………）

求职信切忌过于啰唆，也不要满篇都是客套话，更不宜一味地吹牛。手写时切忌潦草，更不宜出现错别字或文法错误。对方想要了解的信息，而简历中又不便提供的有关信息，最好在求职信里提供。

2. 个人简历。

个人简历无疑是书面求职资料的核心，应予高度重视。简历分为规范的表格式和自由编排式两种。表格式通常由招聘方提供范式，求职者逐项填列。而自由编排式则无规范可言，但必须站在对方的角度考虑，该提供的信息应一览无遗。一般应包括：个人基本信息、学历情况、工作经历、能力特长、工作业绩情况、与求职岗位相关的其他重要信息等。

简历制作有如下禁忌，应切实避免。

◎信息不完整。笔者曾经接到过一份求职简历，共四页，标题就是“本人简历”，通篇都以第一人称“本人”来介绍自己方方面面的情况，结果，看完简历，不知道这个人叫什么名字、是男是女、多大年龄、怎么联系。尽管这可能是简历提供者的疏忽，但至少说明该应聘者要么是思维逻辑有问题，要么是处事马虎大意。

◎内容犯常识性错误。如“政治面貌”一栏有许多人会写上“群众”，这就是常识性错误。谁都知道中共党员、共青团员、某民主党派或无党派人士等属“政治面貌”的基本表述，而“干部”、“群众”等不属于政治面貌的基本表述。难道党员或团员就不属于“群众”吗？显然不合逻辑。再比如，“学历”一栏，有的人会写上“大学生”或“大学”，这也是常识性错误，大专和本科都属于大学学历，那你到底是大专还是本科？不清楚。这就好比在“民族”一栏里填上“华人”一样，你给出的信息是模糊信息。

◎有错别字或用词不当。如受益“非”浅、“克”苦认真、不“屑”努力、一“至”好“平”等。一个错别字可能导致别人对你素质的全盘否定。如果是电脑打字，虽有可能是同音字差错，不足为奇，但至少说明你办事马虎。

◎事无巨细，资料堆砌。比如，有些同学在校时对考资格证书非常看重，考了一大堆资格证，以为你什么都会就表明你素质很全面，其实恰恰相反，“百会不如一精”，什么都会的人充其量只能是“万金油”。将一大堆与应聘岗位无关的东西堆积在一起，只能说明你对这个岗位的素质要求根本不清楚。因此，简历必须突出重点，让人一看就知道你的强项是什么，你的优势在哪里。必须牢记：简历必须“简明扼要”，清晰易懂。一般说来，简历篇幅以一页为宜，最多不超过两页。如果指望招聘者会花 3~5 分钟以上的时间来浏览你的简历，那你就太天真了。试想，如果招聘者一天要浏览成百上千份简历，他能在你那份简历上花多长时间？因此，你最好能让他在几秒钟之内对你的简历有轮廓性的了解。

◎华而不实，标新立异。有些人用电脑将简历编排得很花俏，色彩斑斓，插图、口号或俏皮话等一大堆。比如“给我一个机会，还你一个惊喜！”“如果你是伯乐，那我就是千里马！”这些东西一看就给人感觉你很幼稚。试想，假如人家真的给你机会，你能给人什么惊喜？这类表述只能说明你是一位投机者，既虚伪又空洞。

◎过于谦卑，缺乏自信。俗话说：“王婆卖瓜，自卖自夸”。推销自己，自然要将自己的强项表露出来，让对方发现你的价值所在。所以，适度的放大自身优势是可以的，但切忌使用“很强”、“特别优秀”、“非常扎实”等显得言过其实的词汇。

◎应聘外资机构的简历，应避免列明政治面貌、宗教信仰、已婚或未婚等属于个人隐私的内容。

◎不提供照片。不管招聘单位是否明确要求，简历上最好主动附上自己的照片。尤其是那些直接面对客户的岗位，大多有形象要求，故千万别吝啬你的照片。但注意最好别提供艺术照。

××× 个人简历

一、个人概况

姓名：××× 性别：男 年龄：××岁 民族：汉族

学历：学士 专业：企业管理 职称：经济师

联系方式：手机 ××× E-mail：abc@sina.com

联系地址：广东省珠海市海滨大道×号×栋××室

邮编：519000

应聘岗位：市场营销总监

二、教育及培训经历

1988.9~1992.7 合肥工业大学企业管理专业攻读学士学位

1995.6~1996.12 北京对外贸易大学 MBA 研修班进修

三、工作经历

1992.7~1995.5 环球贸易公司业务三部业务主管，主要负责：对外纺织品出口贸易，年出口额约 150 万美元。曾两次获得公司年度出口创汇标兵和先进工作者

1997.2~2001.1 惠华工业集团公司市场部副经理，主管市场策划及客户关系管理。工作业绩：三年里公司产品的市场占有率平均以 8% 的速度稳步提升，客户投诉率每年以 15% 的速度下降，使公司的市场竞争力显著提升。

2001 年至今 亚洲国际集团市场拓展部经理助理，主要负责公司促销策略制定、实施监控及效果评估、公司广告策划及市场投放、代理商走访及市场动态反馈、市场情报收集及市场调配管理等。工作业绩：公司产品销售额以 30% 左右的年增长速度快速扩张，品牌地位不断巩固，一级代理商由原来的 10 家发展到目前的 45 家，市场广告费支出在销售扩张的前提下基本持平。

四、个人特长及兴趣、爱好简介

本人具有在中、外大中型企业十多年市场营销管理的从业经验，熟悉纺织品、日用品及家用电器市场营销的市场运作，建立了一大批优质的市场客户关系，市场嗅觉灵敏，并积累了较丰富的市场拓展经验。

本人工作责任心强，敢于面对任何挑战和困难，沉着冷静，有良好的心理承受能力和团队合作精神，有较强的市场拓展能力和客户亲和力，具备高层次职业经理人的职业修养。

本人业余爱好广泛，尤其喜爱足球和音乐。

本人希望寻找待遇与业绩挂钩，且业务拓展空间广阔的、富有挑战性的市场营销管理岗位工作。

二、面试前的准备与形象塑造

每一位求职者，无一不希望在面试时留给招聘者一个好印象，进而增大被录取的可能性。怎样才能做到这一点呢？侧重注意两大方面：一是面试前的心理准备，二是面试时的形象塑造。

1. 面试前的心理准备。

面试的过程既是一个竞争的过程，也是一个复杂的心理变化过程。能否在面试过程中应变自如，不光取决于自身的业务素质，还取决于面试过程中的“竞技状态”。这就像运动员参加比赛一样，临场发挥有时甚至比真实的运动技术水平更重要。如果你状态好，你可能超水平发挥，如果状态不好，你可能遭到意外淘汰。因此，面试前的心理调适显得尤其重要。试想，如果一上场你就面红耳赤，或者疲惫不堪，或者心烦气躁，或者心惊胆战，那你怎么可能应变自如呢？

面试前的心理调适应侧重注意如下几点：

○ 面试前应竭力做到心理上的“四项具备”：一是足够的自信心，二是顽强的意志力，三是积极的进取心，四是强烈的竞争意识。其中，自信心是关键，没有自信，等于对峙时主动认输。正所谓“狭路相逢勇者胜”，任何一个“招兵买马”者都不可能倾向于同情弱者。缺乏自信是面试中的大忌。

○ 设法克服几种典型的不良心理状态，包括：恐惧心理、羞怯心理、自卑心理、消极心理、迎合心理、投机心理等。有些不良心理属于天生的性格使然，而有些属于准备不足造成的暂时状态。克服的方法多种多样，但积极的心理暗示、反复地模拟练习等充足的准备往往能较好地克服这些不良心理反应。

○ 运用运动、蒸桑拿、洗澡、反复做深呼吸等方法放松身心。

○ 适度调节饮食，确保睡眠充足。睡眠不足是心理状态的“万恶之源”，紧张、焦虑、恐惧等心态会严重影响睡眠，反过来睡眠不好也会加剧这类不良心理反应，形成恶性循环。因此，面试前无论如何要设法使自己睡眠充足，以确保自己保持良好的精神状态。

○ 设法尽可能多地了解主考官和待聘企业的基本情况，以便有针对性地做些相关准备，正所谓“知己知彼，百战不殆”。主考官属于什么类型的人，喜欢或偏向于关注哪些方面的问题，待聘企业的经营理念、经营业绩和行业地位、发展规模和速度等，如果你基本能掌握，那么，面试前的这种“心中有数”会极大地增强你的自信心。

2. 面试前的其他准备。

面试前的其他准备多种多样，一般会因面试的方式和内容而异。但有几方面是极其重要的，一是资料准备，如学历、职称等证书原件、能反映你的业绩或能力素质的作品或证书原件等。二是相关知识和信息准备，如应聘单位所在行业的相关知识和信息、面试中可能涉及的问题回答等。三是面试中极有可能出现的个人表现环节的演练，如自我介绍、沟通及应聘礼仪等。

3. 面试前的形象塑造。

求职者与面试官之间不大可能是在相互熟悉或逐渐了解之后再来面试，面试时大多是第一次见面。在这种情形下，面试官一般都会凭借求职者的衣着打扮、仪容举止等外表形象来形成对求职者的第一印象。而这第一印象在很大程度上会直接影响甚至直接决定对求职者的最后评判。因此，打造最佳的“第一印象”对面试成功起着极其重要的作用。

面试的形象准备代表着你对这次面试的重视程度，你的形象是否庄重，体现出你对对方是否有足够的尊重，你的形象是否得体代表着你是否具备待聘岗位的职业修养。因此，应特别注意如下几点：

★应根据应聘的岗位工作需要来塑造自己的仪容、仪表形象。

★严格按职业形象规范着装，切勿犯忌，尤其不要为了显示个性化而显得风格另类。

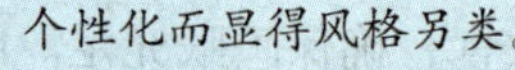

★无论男女，着职业装去面试是最佳选择，无形中会凸现你的职业形象。

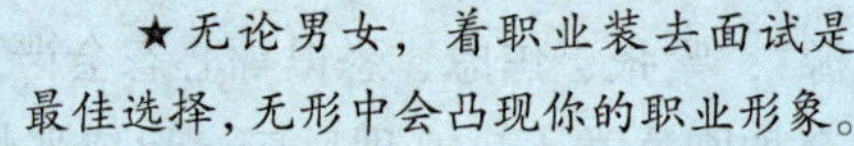

★高度重视细节，切实避免一切不雅的小动作或不良的习惯性行为。

★高度重视面试前后过程的礼节和微笑，用以美化你的形象。

应当提醒求职者注意，“第一印象”通常是在你进入招聘官视野的前十秒钟内就会形成，而你进入招聘官视野可能并不一定就是面试正式开始的时候，而极有可能是在此之前，因此，不能只刻意关注面试时的形象维护，而应注意随时维护自身的形象。在大多数面试测评中，仪容仪表的形象分通常要占到10%以上，而受形象影响的印象分就很难估计其比重了。一般说来，面试官最关注形象的哪些部分呢？形象专家的研究表明，最关注的形象点可表述为：“三个重点，一种感觉”，即头发、配饰、鞋子和整体感觉。这是因为：

◎头发最能代表一个人的个性和整洁习惯，懒散或讲究、开放或保守一览无遗。

◎配饰最能体现一个人的品位高低，高贵与粗俗、张扬与内敛尽显其中。

◎鞋子是最容易被人忽视的部分，因而最能体现个人做事的细心程度。

◎整体感觉则是气质的体现，虽然很抽象，但素养、自信、斗志等都会蕴含其中。

由此可见，形象不光要重视面部修饰、着装这些比较显眼的东西，更要重视那些虽不起眼但却受人重视的细节。

三、面试行为礼仪须知

参加面试，除了应掌握必要的专门技巧外，最重要的是注重礼仪。面试行为礼仪侧重关注四大方面：即见面礼仪、应答礼仪、肢体语言和告别礼仪。

1. 面试过程的见面礼仪。

见面是面试过程的开始环节，因此，见面礼仪如同面试的“开场白”，如果吸引人，后面的注意力自然也就集中，如果平淡无味，注意力就会骤然下降。见面礼仪侧重注意如下几点：

守时守信，千万别迟到或违约。

入室敲门，千万别冒冒失失推门而入，给人鲁莽、无礼的印象。

礼貌招呼，点头致意或微笑问好。

莫先伸手，若非面试官主动先伸手，切勿贸然伸手与对方握手。

受请入座，切勿未请自坐。对方叫你入座，应表示谢意。

放松身心，待人以礼，举止大方。向对方递交书面材料应双手奉上。

2. 面试应答礼仪。

交谈和问答是面试的核心环节，一言一行都会关系到面试的结果。尤其要注意如下基本礼仪：

- 谈吐中言辞得体、语言文明，切勿使用粗俗、傲慢，甚至无礼的言辞。
- 自我介绍需使用必要的谦辞、敬语，且要简明扼要。
- 对方讲话时必须专心聆听，目光集中，切忌心不在焉或眼睛不看对方。
- 回答问题要诚实坦率、切忌遮遮掩掩、支支吾吾。
- 应答中要注意语速、语调和语气，不仅口齿清楚、语言连贯，而且要语气平和、态度诚恳、谦逊，体现沉着、冷静。

- 无论谈到什么问题，切忌贬低他人、妄加评论甚至出言不逊。
- 他人讲话时切忌随意插话，确实没听明白或需核实对方的原意时，应使用“对不起，请允许我打断一下，好吗？”在征得同意后再插话或提问。
- 切忌口出狂言、自命不凡，说些不自量力的话。比如，“不录取我将是你们公司的一大损失”、“你们看着办好了”、“任何工作我都可以干好”之类的话很是让人反感。
- 不明白的东西可以礼貌地提问，但切忌问任何可能涉及商业秘密的问题。也不可反客为主，不停地反问对方问题。
- 切忌答非所问，轻易转移话题。这是对提问者的蔑视和不尊重，如果不便回答，可以直接用“很抱歉，这个问题我不方便解释”等礼貌的语言回避。

值得指出的是：面试中面试官经常会提出一些让人较为尴尬或难以直接回答的问题，比如：

> “原单位规模、效益和待遇等都比我们公司强，你为什么要来我们这里？”
>
> “你刚才只说了自己的优点，难道你就没有缺点？”
>
> “你觉得你在原单位干得不错，那你为什么要离开原来的单位？”
>
> “你能不能说说你希望的待遇是多少？”
>
> “我们待聘的这个岗位要求很苛刻，你觉得你的素质和能力能胜任吗？为什么？”
>
> “就你申请的这个职位，你觉得你比较欠缺的能力和弱点有哪些？”
>
> “你是怎样从你的工作中获益的？能否举例说明？”
>
> “你是怎样看待你的工作成绩或业绩的？”

如此等等。这类问题通常是为了观察应聘者的应变能力和综合素质，必须冷静地运用应答技巧，避其锋芒，措词巧妙、得体地回答。

尽可能变被动为主动，变劣势为优势。比如：

“我有很多缺点，最大的缺点就是当工作干不好时，我会很急躁，我觉得非干好不行”。（谁都知道这不是什么要紧的缺点，甚至可以说是优点）

“我最大的缺点是胆小怕事，不管什么事，如果领导没有交代，我一般不敢自作主张。所以，工作中我基本上属于唯命是从的下属。”（其实，许多领导最希望要的就是这类下属）

“我之所以愿意来贵公司，最重要的还是看重贵公司的发展前景”。（借机赞美对方）

由此可见，应答自如在于放松心情，落落大方地机智应对。尤其要注意在回答时把个人的品行、做人理念、诚信和责任感等表达出来。这些东西往往是面试官最看重的。

面试交谈的八大禁忌

一忌缺乏自信。比如，“我这个人一向与世无争，不求有功，但求无过。”“我对待遇没什么特别要求，过得去就足够了。”“我没什么优点，但也没什么明显的缺点。”这些话都只能说明你是一个没有什么追求的求职者，是一个得过且过的平庸之辈。

二忌急问待遇。比如，一见面就忙着问：“你们提供吃住条件吗？”“能报销电话费和车费吗”“这个职位每个月大约能拿多少钱？”“每月能休息几天？”没干活先关心条件的人是谁也不欢迎的人，通常也是过于计较得失的人。所以，谈论报酬和待遇要很谨慎，千万别让人反感，要看准机会，委婉发问。

三忌自报有熟人。不少人在面试中急于套近乎，我跟你们单位谁谁谁很熟，谁谁谁是我爸的原有下属……，这些话很让人反感。如果你的熟人是面试官的下级，那你说了也没多大用，如果你说的人是面试官的上级，那你是试图以势压人。无论属于哪种情况，都是不太好的。

四忌答非所问，思维混乱，不合逻辑。比如，面试官问你觉得自己适应待聘岗位的能力怎么样，你回答说："我在大学期间当过学生会干部，各方面能力都很强。"这就有些答非所问，也不合逻辑。再比如，在某方面实习了一两个月，就说自己在这方面很熟悉，甚至是积累了丰富的经验等等，这也不合逻辑。

五忌急于表现，滔滔不绝，废话连篇，随意插话。也有的应聘者为了获取面试官的好感，不惜献媚和讨好，也有的竭力投其所好，满嘴胡话，大吹大擂。仿佛自己无所不能，神通广大。也有的故意卖弄或故弄玄虚，口若悬河，却言之无物。俗话说："言多必失。"夸夸其谈的行为特别令人反感。

六忌反客为主，居高临下，目中无人。比如，有的人在面试中把"你知不知道"、"你懂不懂"、"你明不明白"、"我问你……"等之类的口头禅也随口而出，让人感觉仿佛是你在面试别人而不是别人在面试你，这种结局可想而知。

七忌行为过于随意，放荡不羁。比如，目光游动，心不在焉。或是当众整理妆容，肆无忌惮。或是随意应答，似乎什么都无所谓，或不屑一顾。种种行为显现出你对面试的不重视或对面试官的不尊重，其结果不言自明。

八忌刺探商业机密或随口泄露原单位的商业机密。比如，很忌讳问面试官："你们现在对员工的业绩如何考核"、"你们的成本是多高"之类的问题。也不要随口泄露原单位的任何机密，因为任何单位都不希望雇佣口无遮拦的员工。

3. 面试中的行为礼仪。

面试过程中的一举一动都会关系到面试官对你的职业素养的判断，因此，举止礼仪是应试礼仪的重要组成部分。面试的行为礼仪包括：

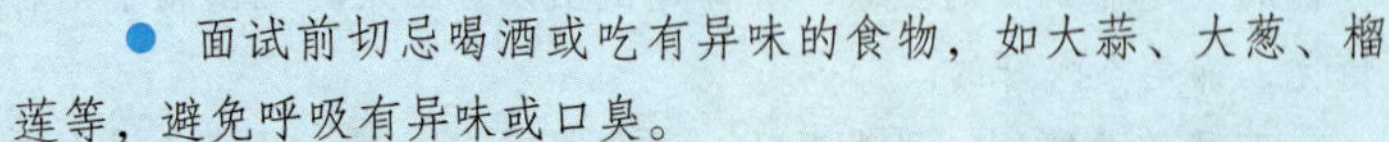

- 面试前切忌喝酒或吃有异味的食物，如大蒜、大葱、榴莲等，避免呼吸有异味或口臭。
- 面试前至少提前10分钟左右到达现场，切忌匆忙赶到或

迟到。

● 面试前别忘了关闭手机或将其调至振动状态，切忌在面试中接听电话。

● 面试中最好着适合你应聘职位的职业装，注意仪容和仪态美，切忌过于随意和邋遢。

● 坐姿端正，且面带微笑，精神振作。

● 交谈中要目视对方，切忌低头或弯腰。

● 肢体语言要得体、大方，切忌有不雅的小动作，如手舞足蹈、口沫四溅、抠鼻子、挖耳朵、手脚摆放不规范、不停地玩弄手中物品等。

● 面试中不要抽烟、嚼口香糖、嗑瓜子、吃零食等。

● 除公文包或手提包外最好不要携带其他物品，切忌将物品搁在面试官面前的桌子上或挂在椅靠背上，应搁在座位下或脚边。

● 不要随意插话或与对方争辩。

● 对方用词不当或言语不妥时，不要发火、争吵或恶语相伤。

● 不要带陪伴。因为带陪伴说明你不自信或太娇气。

● 当对方提出不合理或你不愿意接受的要求时应礼貌拒绝，不要伤害对方自尊。

● 面试完了应礼貌告辞和致谢，切忌扭头就走。

四、面试后续礼仪

商务领域有一句大家都熟悉的俗话，叫“买卖不成仁义在”。精明的商人都懂得一个简单的道理：这次买卖不成没关系，或许还有下次呢。因此，为什么不给潜在的客户留下一个好印象呢？这就叫“扭头就走”不如“回头一笑”。

求职应聘其实也与此类似。既然你觉得获得任职机会是很重要的一件事，那么是不是应该向给你机会的人表达谢意呢？虽然他这次没有录用你，没准她可以向其他适合你的单位推荐你呢？也没准下次他们需要你这样的人时他们会再次想起你呢？因此，注意面试后续礼仪的必要性也就在此，即使这次人家没打算聘用你，那也应该给人留下良好印象，以礼相待。没准今后还有机会再来呢？或者今后在商务场合还会与对方打交道呢？更何况面试结束并非意味着求职过程的完结，求职者不应当只是翘首以待聘用通知的送达，而应当主动接续。面试的后续礼仪包括：

面试完毕后应起立，礼貌地感谢面试官，并友好地主动与面试官握手、微笑告辞。

面试完一周左右应主动打电话或去函礼貌地询问求职结果，以表关注。

主动致函被你拒绝的公司，感谢他们对你的认可和对不能前去履职表示歉意。

主动致函拒绝录用你的公司，感谢他们给你机会锻炼和期望能有其他合作机会。

常言道:礼多人不怪。懂得感恩的人通常会给人留下深刻的印象，能得到更多机会的眷恋只是时间问题。

✲求职应聘模拟实训

1. 采用自愿报名的方法分别组成 5 ~ 7 人的“员工招聘领导小组”、3 ~ 5 人的招聘行动小组、5 ~ 8 人的应聘人员组，自主分工负责，拟定招聘职位和招聘条件、面试问题和内容，进行现场招聘面试模拟,然后集体讨论其成功和不足。讨论之后,交换角色，再次进行现场模拟招聘面试演练。

2. 受训者每人自拟一份求职简历，而后随机抽取若干份进行公开展示，点评其不足。

3. 受训者每人自拟一封求职信，以毛遂自荐的方式进行展示，并予以讨论和点评。

4. 受训者每人当众进行 2 ~ 3 分钟的自我介绍,然后进行点评。再分组进行演练，反复练习若干次后，每组派一名代表进行展示，再进行讨论评比。

第4讲

职场交际礼仪须知

交际礼仪是指人们在社会交往过程中应当遵循和恪守的基本礼仪规范。人际交往中，称呼、握手、介绍、致意、名片交接、交谈等行为举止，看似十分简单，但使用什么样的称谓、遵守什么样的礼节、采取何种方式进行交往等等，却蕴含着一系列“约定俗成”的基本礼仪规范。如果个人的行为没有遵守这些规范，往往会使交往产生障碍。因此，普及交际礼仪常识，不仅是增强团队精神和个人协作能力的必要内容，更是社会道德文明建设和协调人际关系等构建和谐社会的重要内容。

引例一

见面失礼让“煮熟的鸭子飞了”

小严在一家当地的知名民营公司做办公室主任，因对人热情，办事麻利，深得老板和员工的喜欢。她读大学时的室友小徐在一家广告公司做业务员。两人一直关系不错。一次在聚会的时候，小徐谈到在公司做业务的压力，很希望小严给她帮忙拉些业务，小严一口答应。因为她知道她们公司每年都有大量的广告业务要找广告公司合作，凭她对老板的了解，只要她向老板推荐，应该是十拿九稳的。

一日，小徐接到小严的电话，说她们公司有几个新产品要推出，正希望找一家广告公司合作。要小徐赶紧准备相关资料，并嘱咐小徐不要透漏她跟她的关系，以免老板误会。她会暗中帮她促成此事。小徐高兴坏了，赶紧做了充分准备，很快就向小严的公司寄去了广告合作的“商务计划书”。小严将计划书送给老板，老板看了以后很满意，并嘱咐小严尽快约广告公司的人过来面谈。于是，小严通知小徐去公司找老板洽商广告合作事宜。

次日，小徐如约去小严的公司洽谈。因没吃早餐，在小严公司门口的小店里买了盒酸奶一边吸奶，一边塞着耳塞听歌，一幅胜券在握的悠闲状态走进了电梯，与她几乎同时走进电梯的一位男性老者，着装优雅，礼貌地朝她点头微笑致意，小徐因为在听歌，所以，跟没看见似的，毫无反应。在电梯里，老者上下打量了一下小徐，小徐本能地似乎很讨厌对方盯着她看，于是转过身去，根本不理睬对方。因电梯里就他们两人，双方都显得好不自在。凑巧的是，这位老者就是小严公司的老板。

随后，小严公司的前台带领小徐去见老板，双方交换了名片，老板接过名片仔细看了看，然后才收起来。而小徐因从小严处早就知道老板叫什么名字，所以，接过名片以后看也没看就放进了口袋。双方互致问候时，小徐也未就刚才电梯里的行为致歉。寒暄了几句后，就进入正题。小徐详细介绍了双方合作的构想和自身公司的实力。老板听后很礼貌地告诉她，公司目前有好几家广告长期合作客户，一直以来大家都彼此很愉快，暂时还没有更换的打算。如果以后有需要，再找徐小姐联系。

小徐明白，老板事实上已经很委婉地拒绝了与她们公司合作的请求。结果是“煮熟的鸭子就这样飞了”。

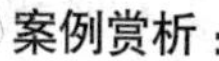

案例赏析：

人每天不仅跟熟人见面，还会跟许许多多的陌生人见面，应该随时随地注意自己的行为礼仪，许多影响是你事先所难以预料的。这一案例充分表明为什么会有“细节决定成败”这样的人生感悟。有些人总以为只要在特定场合刻意地注意自己的行为礼仪就够了，其实，那是远远不够的。

引例二

小礼物换来客户的意外惊喜

早上，梁总刚刚走进办公室，秘书就送进来一个很精美的礼品盒。梁总诧异地问秘书："今天是什么特殊的日子吗？"秘书微笑着摇摇头。梁总好奇地看着这个漂亮的小盒子，是什么呢？打开后，发现是一盆小小的花，花已盛开，是梁总最喜欢的淡黄色。旁边挂着一张精致的小卡片"梁总，早上好！××公司感谢您在上个季度中对我公司的大力协助，特送上一盆象征美好、友谊的花束，祝愿您工作顺利、身体健康，天天好心情"。

这份精致的礼品让梁总感到颇为意外，不仅让他感受到了送礼者的诚意和用心，而且给他带来了一早上的好心情……

案例赏析：

俗话说"赠人玫瑰，手留余香"。许多人喜欢选择生日、节日等时机赠礼，而事实上，在这些时间点上，赠送对象往往会收到许多独具匠心的礼品，那么，赠礼的效用就不一定能达到最佳，所以，有时赠礼可以选在日常的时间，给对方一种意外的惊喜，可以达到事半功倍的效果。

一、职场称呼礼仪规范与禁忌

称呼，也叫称谓，是人际交往中使用的称谓和呼语。称呼是人际交往的第一个礼节，称呼是否得体，直接关系到交往的效果。称呼有三种基本功能：

◎呼唤功能：即引起对方的注意。比如："小刘，请过来一下。"

◎标示功能：即表明呼唤人与被呼唤人之间的关系。如："张阿姨，您好！"

◎显示功能：即显示出呼唤人对被呼唤人的态度和情感。如："王一明”、“一明”、“明”，亲近感明显不同，“王同志”、“小王”、“老王”、“王老”、“王哥”等，不同的称呼反映出呼唤人对被呼唤人的不同态度和不同情感。

可见，称呼的基本作用可以表明人际关系、表达情感、体现亲缘、反映情绪。

称呼按亲缘关系来分，一般可分为家庭称谓和社交称呼两大类。如果按称呼的礼仪特征来分，则有敬称、谦称、爱称和泛称之分。如果按称呼的使用场合来分，则可分为正式场合称呼和非正式场合称呼。社交场合的称呼主要是要根据对方的年龄、地位、职业、身份和与自己关系的亲疏来选择恰当的称呼，使之符合称呼礼仪。

1. 称呼的基本礼仪规范。

称呼的礼仪规范，概括地说，主要有四点必须注意：

◎一要注意合理地使用敬称、谦称和泛称。敬称包括：您或您老；姓加上“老师”（非职业性的）；姓（或名）加上“老”（或公），如李老师、周老、谢公、迅德公等。“尊（贤、令）”加上称谓，如尊母、尊兄、贤弟、令尊、令郎、令爱等。称对方的单位、国家多用“贵+单位或国”称呼，如贵公司、贵国等。

谦称包括：对辈分比自己高的人称自己的父母为“家父、家母”，对辈分比自己小的人称自己的兄弟姐妹或子女为“舍弟、舍妹”或“小儿、小女”。此外，还有贫、愚、下、贱等加在自身或平辈家人称呼前，如贫妇、贱内、下官、愚弟等。称自身的单位和国家一般可使用“我、敝或本+单位或国”，如“敝公司”或“本公司”、“我国政府”等。

泛称包括：同志、先生、小姐、女士、夫人等。

对未婚女性一般可用“姓+小姐”称呼，如“张小姐”，而对已婚女性则多用“夫姓+夫人”或“姓+女士”称呼，如“姜夫人”、“刘女士”等。如果不清楚女性是否已婚，千万不要随意称“某夫人”，最好称“某女士”，以免引起不快。

对男性则可以统称“先生”或“阁下”，并冠以姓名、职称、官衔等，如王先生、董事长先生、胡志明先生、大使先生、总统阁下、将军阁下等。

对有身份的人、有专业技术职称的人、有官衔的人、有职业特征的人，一般可使用职务性、职称性、官衔性、职业性称呼，即“姓 + 老师、职称、官衔、职业”来称呼，如陈老师、李教授、王局长、吴律师、杨博士等。但要注意如果不是为了姓氏重复的区分或极其正式的场合，当面称呼时，一般不要使用“名字 + 老师、职称、官衔、职业”，否则会显得有些不敬。比如，当面称呼“毛泽东主席”、“李建华教授”，不如称“毛主席”、“李教授”显得更敬重。如果不是当面则可以使用“名字 + 称谓”来称呼。

◎二要注意不同身份、不同时代、不同国家、不同场合使用的称呼要符合礼仪规范。一般说来，长辈对晚辈称呼可以直呼其名，而晚辈对长辈直呼其名就是不礼貌的。过去称呼“东家”、“长官”、“老爷”、“少爷”是很普遍的，而现在这些称呼都被视为不合时宜的。在我国，称配偶为“爱人”是正常的，而国外的“爱人”实际上是“情人”的代名词。在我国，在称呼前加“老”字是敬称，而在西方称“老先生”、“老太太”、“老夫人”则会引起不快。在我国，姓名式称呼是姓在前，名在后，而西方则相反。我国的称谓大多是男性在前，女性在后，而西方，除特殊情况（如称呼主宾）外，则讲究女性称呼在前，男性称呼在后。最常见的是“女士们，先生们！”如果不清楚这些规范，就可能在称呼别人时冒犯对方或引起不快。

◎三要注意称呼人的顺序。称呼人的顺序为：先上后下、先长后幼、先疏后亲、先女后男。如果叫错顺序，通常会是失礼的。比如，在进入别人家的时候，如果不从长辈开始叫起，那就是失礼的。因为长辈是最受尊重的人，应该先与其打招呼。

◎四要分清正式场合和非正式场合的称呼差异。比如，一般非正式场合称呼自己的父母为“爹、娘、妈咪、老爸”等是可以的，但如果在正式场合，你向别人介绍时也这么称呼“我爹、我娘、我老爸、我妈咪”，就会显得很土气、很幼稚。如老婆、男人、哥们、小妮子等称呼都不适合在正式场合使用。因此，正式场合必须用正式称呼。同样，有时把正式称呼用于非正式场合也会显得很别扭。比如，在家里，叫父亲、母亲、妻子、丈夫等就会显得别扭，不够亲切，朋友见面，叫“同志”或“先生”就显得生分，不如叫小名亲切。

2. 称呼的十大礼仪禁忌。

人际交往中，人们对别人如何称呼自己通常是很敏感的。称呼得当,会使双方感到融洽,心情愉悦,交际就会变得顺畅。得体的称呼，既是对人的尊重，也会显示自己的礼貌修养。因此，要避免不适当的称呼，就得清楚称呼的禁忌。

◎一忌随意直呼其名。晚辈对长辈不可以直呼其名，但长辈可以直呼晚辈的名。下级对上级、对领导、对有身份的人等，无论年龄长幼，一般都不宜直呼其名。晚辈对长辈、下级对上级等避免使用“名+职务、职称”的称呼，这样会显得很不礼貌。如学生叫老师为“立新教授”、下级对上级称“大明书记”等都是不礼貌的。平辈的朋友、老熟人，均可彼此之间以姓名相称。

◎二忌异性相称过于亲密。对异性、尤其是对方配偶或亲属在场时应尽量避免只叫其名而不加其姓，否则，显得太亲密容易引起误会。

◎三忌称呼引起对方反感。对男士慎用“小”，女士慎用“老”，以免误会或不敬。

◎四忌称呼带有歧视或不敬的意味。比如，使用职务或职业性称呼，“副”职应尽量避免加在称呼内，否则，会带有强调和鄙视的意味，如“李副书记”、“刘副经理”等，应直接称呼为“李书记”、“刘经理”。不够体面的职业不要加在称呼里，如称呼别人“杨保姆”、“李服务员”、“戴办事员”就很别扭，容易惹人不快。

◎五忌使用过时的、不通行的称呼。如老爷、大人、伙计、长官等。

◎六忌误读别人的姓或名。如果误读别人的姓或名，则是失礼的，应表示抱歉。

◎七忌使用粗俗、绰号、庸俗低级的称呼。如“光头”、“波斯猫”、“四眼”、“二蛋子”，这些称呼不仅低级趣味，而且带有嘲笑或蔑视别人的意味。在称呼别人的同时也显示出自身的低品位。

◎八忌拿别人的短处当称呼。不管什么场合，这样做都是对人的一种侮辱和不敬。如叫别人“胖子”、“排骨”、“矮冬瓜”、“肥佬”、“瘸子”、“秃头”、“谢大脚”等是极不礼貌的行为。

◎九忌使用不明晰的称呼。无论关系多紧密或熟悉，都不要用“喂、哎”等模糊的称呼。

◎十忌随意使用地域性很强的特定称呼。某些称呼在不同地域有不同含义，应慎用，以免误会。比如："小姐”这一称呼在南方是对年轻女子的泛称，而在有些地方则是“妓女”的别称。“师傅”这一称呼在北京等地是泛称，而在南方大多是对手艺人的尊称。“伙计”在山东是熟人之间的泛称，而在南方则是“打工仔”的别称。在我国，把配偶称为“爱人”、把孩子称为“小鬼”很正常，而在国外，如果你也采用这样的称呼，则可能引起误会。

二、见面及打招呼礼仪规范与禁忌

1. 十种常见的见面礼仪。

由于习俗不同，场合不同，见面礼仪有别，最常见的见面礼仪有如下十种：

点头礼——面带微笑，点头示意，适用于不便与对方直接交谈的场合。一般是用于多人，不便一一握手的场合，或是与对手相距较远，同一场合多次遇上同一人等。

握手礼——东方人最为普遍使用的见面礼，适用于各种近距离交际场合。伸右手、面带微笑，附带“你好”、“幸会”等简单问候语。

举手礼——伸右手、掌心向着对方，轻轻摆动一两下示意。一般适用与行点头礼类似的地方，与对方相距较远，熟人之间打个招呼。

脱帽礼——面带微笑、同时点头示意。如路遇熟人、进入他人居所、与人会面、握手等。某些特殊场合如升国旗、奏国歌、默哀等都必须行脱帽礼。

注目礼——起身立正、抬头挺胸，双手自然下垂，表情严肃，双目注视于被行礼对象。游行检阅、升国旗、剪彩揭幕、开业挂牌等，大都行注目礼。

拱手礼——起身站立、上身挺直、双手抱拳前伸，上下晃动两下。此属民间礼节，团拜活动、向他人祝寿、道喜、致谢等大多行拱手礼。

鞠躬礼——脱帽立正、双目凝视受礼者，上身弯腰前倾。下弯的幅度越大，所表示的敬重程度就越高。男士双手贴放在裤线处，女士双手搭放在腹前。一般在答谢、领奖、谢幕、婚礼、葬礼时使用。

合十礼——双手十指在胸前相合，手指并拢向上，指尖和鼻尖基本持平，双腿直立，上身微欠低头。双手举得越高越体现对对方的敬重，但不宜高于头额。此礼在东南亚地区和我国傣族地区很盛行。

拥抱礼——首先向对方左侧拥抱，然后各向对方右侧拥抱，再一次各向左侧拥抱，共三次。在欧美国家常见，表示慰问、祝贺、欢迎等。

吻礼——亲吻礼和吻手礼。亲吻礼同时和拥抱礼采用，是西方国家较常见的见面礼。一般双方关系不同，亲吻的部位不同，长辈吻晚辈，亲额头；晚辈亲长辈，吻面颊；同辈之间同性贴面颊（先贴右面，再贴左面），异性则吻面颊。吻手礼的受礼者只能是已婚女性，且吻的只能是手背和手指，手腕以上为禁区。且行礼时男士需立正致意，以双手或右手捧起女士的右手轻轻亲吻。吻礼不能发出声音，不能将唾液留在别人手上或脸上。

2. 招呼与问候礼仪。

人际交往的“第一道工序”都是从问候或打招呼开始的。中国人见面时常说的：“你好”、“您好”、“早上好”、“幸会”等都是招呼语，外国人的“good morning”、“how are you”、“how do you do”、“nice to meet you”等也都是常用的招呼语。尽管这些话并不表示特定的含义，也没有明确的目的性，但它却是人际交往不可缺少的重要“开场白”。

打招呼、见面问候似乎谁都会，它是与人会面时用语言向对方致意的一种基本形式。它比招手致意、点头致意具有更亲切、更热情的感觉。人与人会面，谁先打招呼，这其中不仅蕴含着热情和精神状态的因素，也彰显个人的礼仪修养和对人的态度等心理因素。如果你很喜欢一个人，任何时候与之见面，你都愿意主动与其打招呼，如果你讨厌某个人，你自然不愿意理他。因此，主动跟人打招呼，是一种友善和示好的态度体现。换句话说，如果你见了别人不打招呼，就等效于用你的行为告诉对方，我不怎么喜欢你，所以，懒得理你。可想而知，这样的暗示效应对维系和扩张你的人脉关系是极其不利的。这就是现实社会中，人们很容易发现那些热情开朗的人，总是到哪里都人缘很好，而那些性格内向、沉默寡言的人，到哪里都孤独和缺乏人缘的内在原因。所以，千万不要小看了日常生活中打招呼、问候寒暄的作用，它绝不是可有可无、多此一举的“无效劳动”，它是和谐人际交往的重要方式。

招呼和问候是一种极其简单的事情，但其中也包含了许多基本的礼仪要求。

首先，要注意招呼和问候的次序。人与人会面时，基本的礼仪规则是：“位低者先打招呼”。即身份较低或年轻者首先问候身份较高或年长者。如果同时遇见多人，特别是在一些比较正式的场合，既可以用“大家好”等笼统地问候语来与大家打招呼，也可以逐个地问候。但逐个问候时要注意先后次序，既可以由“尊”而“卑”、由长而幼地依次进行，也可以由近而远地依次进行。

其次，要注意招呼和问候的语气和态度。既然打招呼是为了示好和表示对对方的敬重，那么语气和态度就要与之相适应。基本的礼仪规则是：主动、热情、平和、自然、专注。所谓主动，就是任何时候都要力争积极主动地问候别人，当别人先行问候你时，应积极主动地回应，切忌不理不睬或冷漠地装没听见，毫无反应。无视别人的招呼，不仅是一种失礼，而且是对对方自尊心的一种伤害。问候别人时要表现得热情、友好，应付式地打声招呼，表情冷漠地问候，还不如不打招呼。打招呼必须自然和大方，切忌扭扭捏捏，虚情假意，或是矫揉造作。打招呼的语气应当平和，既不能太粗声，也不能太细声细气，更不可怪声怪气。问候别人时应面带微笑，目视对方，不能在问候别人时，眼睛却看着别处，那样是很失礼的。

再次，要注意问候的方式和内容得体。招呼式的问候必须简捷，不宜啰唆和重复。熟人和朋友之间的见面问候与陌生人初次会面时的问候是有区别的，正式场合的问候与非正式场合的问候也是有区别的。比如，熟人之间见面时可以用“最近忙什么呢”、“好久不见，最近去哪里啦”等问候语，而陌生人之间最常见的问候就是“您好”。

最后，对长辈、领导或有身份的人打招呼最好是“称呼 + 问候”。比如：“张总，您好”、“谢老，早上好”、“王叔，最近忙啥呢”等，这样显得更亲切和敬重。对长辈和领导等，一般不可用不加称呼的随意问候语，如，下级对上级问“最近忙啥呢”、“好久不见你，最近去哪了”，会显得你蔑视领导的威严，不够尊重对方。同样，如果晚辈问长辈“最近忙吗”、“吃饭了吗”等，会显得太随意，不懂礼貌。如果在问候语之前加上称呼，其感觉就完全不同。但上级对下级、长辈对晚辈问候时却可以不加称呼。

日常生活中还有一些无声的招呼礼仪，也叫致意方式，即表达对对方的敬重、欢迎或问候。

七种常见的致意方式

起立致意——在公众场合，遇长者、尊者到来或离去时，在场者起立表示致意。

举手致意——向距离较远的熟人打招呼时，举起右手，掌心朝向对方，轻轻摆动一两下。

点头致意——适用于不便与对方直接交谈的场合，如会场、路途中等。

脱帽致意——朋友、熟人见面时稍稍欠一欠身，一只手摘下帽子将其置于与肩平行的位置，同时交换目光，点头示意。

抱拳致意——通常用在身份和年龄相仿的男士之间表示拜托、谢谢之意。民间俗称“打躬”。

鞠躬致意——弯身行礼，一般是表示对他人敬重或十分感谢的一种礼节。鞠躬时需立正站好，双手交叉在胸前搭好，且面带微笑。

欠身致意——在主人为你献茶，或别人将你介绍给他人时，你应微微欠身，并点头致意。

3. 握手的礼仪规范与禁忌。

握手不仅是一种见面时相互致意的礼节，而且也是表示祝贺或感谢的一种基本礼仪。通过握手的力度、姿势、时间长短、伸手的先后顺序等都能传达出对对方的不同礼遇和态度。握手应遵循的礼仪规范集中体现在以下几方面：

一是握手时的伸手次序是握手的第一项礼仪规则，因握手是一种肢体接触行为，一般应把“决策权”交给“尊者”，当然如果是为了表示欢迎、慰问、祝贺或感谢时，无疑应该由主动意愿表示者先伸手。通常注意如下几点：

长者与幼者握手，应由长者先伸手；
男士与女士握手，应由女士先伸手；
上级与下级握手，应由上级先伸手；
社交场合的先至者与后来者握手，平辈之间应由先到者伸手；
已婚者与未婚者握手，应由未婚者先伸手；
主人与客人握手，应由主人先伸手；
与主人道别，应由客人先伸手；
年龄和身份相仿时，双方伸手可不分先后；
次序不是很明确时，应由交往组织者或活动主持者一方先伸手。

一般不宜伸手要求握手的几种情形有：对方手部有伤；对方正忙着别的事；对方所处环境、或手里提着别的东西不方便握手；对方相距较远不便握手；自己手脏、手湿时，应向对方明示，并致歉。

但如下几种情形应当主动伸手示意握手：

被介绍与人相识，应主动与对方握手，表示为相识而高兴。

故友久别重逢，应主动握手表示问候、关切和高兴。

对方获奖或有喜事时，应与之握手表示祝贺。

领奖时应与颁奖者握手，表示感谢。

拜托别人办事准备告辞时，应握手表示感谢和期待。

当别人为自己做了某事时，应握手表示感谢。

在公私各种场合以东道主身份招呼客人，应与客人一一握手表示欢迎、欢送。

拜访友人、上司等，告辞时应握手表示打搅和谢意。

得知他人患病、受灾、受挫折等，应握手表示慰问。

参加追悼会完毕，应与其亲属握手表示劝慰、节哀等意。

二是握手的顺序，同时需与多人握手时，握手的先后顺序表明了“先尊后卑”的礼遇态度，因此，基本的礼仪规则是：“先长后幼、先女后男、先职位高后职位低者”。公务场合握手顺序主要取决于职位和身份；社交场合握手顺序主要取决于年龄、性别。

三是握手的姿势，轻轻地一握手可以传达出热情或冷漠、真诚或敷衍、敬重和轻视等情感态度，所以，握手要掌握正确的姿势要求：

神态专注——目视对方，面带微笑，口道问候或答谢等，忌左顾右盼或一心二用。

姿势自然——起身站立，距离一步，上身微微前倾，忌坐着、距离太远或太近。

手位适当——单手用于初识和异性，双手用于亲朋故旧。

力度适中——过轻有缺乏热诚或敷衍之嫌，过重有挑衅或非礼之嫌。

时间适度——指尖“蜻蜓点水”式的握手显示走过场，无诚意，握手时间过长可能令人生厌，或显得虚情假意或“想占便宜”之嫌。

四是握手有许多禁忌，应切实避免，否则，便是失礼。

◎ 拒绝与他人握手——让对方难堪，表明不愿搭理对方，很是失礼。

◎戴着手套和墨镜与人握手，等于暗示对方我嫌弃你，不愿意接触你。

◎使用左手或交叉握手——有应付或蔑视对方之嫌。

◎握手时嘴巴紧闭，一言不发——似乎极不情愿，轻视对方。

◎脏手、湿手与人握手——有故意冒犯或捉弄对方之嫌。

◎握手时东张西望，心不在焉——表明轻视对方，应付了事。

◎用力过猛，握痛别人的手——有故意冒犯或捉弄对方之嫌。

◎坐着不起身与人握手——有态度傲慢和蔑视对方之嫌。

◎握手后用手帕等擦手——暗示对对方的蔑视和嫌弃。

◎明知不便或不愿握手，却伸手执意与人握手——典型的冒犯和无礼。

三、名片交接礼仪规范与禁忌

名片是现代社会人际交往中广泛使用的一种交际工具。它既具有证明和介绍自己的作用，也具有表达感情和反映个性、辅助沟通和联络的多种功能。

名片礼仪侧重于三个方面：即怎样赠送名片、怎样接受名片和怎样向他人索要或婉拒索要名片。

首先，名片不可滥发，要在适当的时候送给适当的人。社会上有的人发送名片就像发宣传单一样，见人就发，其实是很不好的。一是不礼貌，别人并不想认识你，你非要塞给别人名片，显然不符合礼仪规则。二是不经济，别人不想要你的名片，自然就更不会保存你的名片，岂不浪费？因此，发送名片首先要知道什么时候、什么情况下才应该赠送名片。一般说来，以下情形需要赠送名片：很希望认识对方；被他人介绍给对方；对方提议交换名片；对方向自己索要名片；初次登门拜访对方；希望获得对方的名片等。

其次，递交名片需要直立站好，把名片正面正读的方向朝着对方，用双手恭敬地递给对方，并顺便说出："请多指教"、"请多关照"、"幸会"等客套话。

最后，按照西方的社交礼仪，假如男性去别人家做客，一般只给男、女主人各一张名片，通常不会在一个家里留下三张以上名片。如果女子去别人家，若想发送名片，一般只给18岁以上女士，通常不主动给男子送名片。

接受别人的名片时，应起身站立，面带微笑，目视对方，双手承接或右手接（特殊情况下），并口头道谢。接过后立即看3秒钟以上，不清楚之处可立刻请教，使对方感受到重视。收到名片应立即回赠，没有带名片或名片已发完应致歉。

名片体现着个人尊严，拿着玩或随意丢弃都是失礼的。因此，应注意如下禁忌：

不要左手或单手接名片；

不要一手拿着别的东西一手接别人的名片，显得极不重视；

不要看都不看就随手乱放或放进口袋，这是对对方的蔑视；

要小心接受，以免将别人的名片掉在地上，显得失礼；

接受名片时不要一言不发；

不要中途离坐时，把他人的名片留在桌上；

不要把别人给你的名片错发给他人。

当你希望获得别人名片时，一般不宜直接索要名片，只能委婉地提示。比如，“您能不能给我一张名片？”或者，“您给我一张名片好吗？”这样直截了当的索要，无异于责怪别人，你怎么连名片都舍不得给呀！显得很失礼。但如果采取暗示的方式就不同，比如，“李教授，如果我以后想向您请教，请问，该怎么跟您联系比较方便？”意思是“您最好给我一张名片吧”。当然，最好的方式是主动递上自己的名片，并谦恭地说“认识您很荣幸”。这样等于礼貌地暗示别人：“我们交换一下名片，好吗？”

当别人索要你的名片而不想给时，不宜生硬地拒绝，应委婉地说“对不起，用完了”或“忘了带”等。直截了当地拒绝会伤人自尊，很是失礼。

四、职场沟通礼仪规范与禁忌

1. 沟通概述。

沟通是人们生活的重要内容。无论是语言或文字、符号、非语言、偶然或故意、积极或消极，沟通是我们日常生活中必不可少的部分。事实上，一天当中我们大多数人也许要花 1/2 到 3/4 的时间，以书面形式、面对面的形式，或是电话或邮件的方式与人进行沟通。如果不懂怎么与人沟通，必将是孤独的。事实上谁都不喜欢和畏畏缩缩、不自信的人交往，谁也不喜欢与冷僻的人沟通。因此，自信、真诚、热情是最基本的沟通法则。

沟通不光靠技巧，更要注重礼仪。能说会道自然有利于沟通，彬彬有礼则是方便沟通的“清道夫”。无论是面对面的沟通，还是电话沟通，或是书信或邮件沟通，礼仪都是提高沟通效果的“增效剂”。

人际沟通的主要方式大致可分为三大类，即面对面的语言沟通、电话沟通、书面沟通（包括邮件、电传等方式）。但无论是哪种形式的沟通，影响沟通效果的基本要素是大致相同的。一项有效的沟通，通常要注意的有如下六大基本要素：

要素一，精心选择切入点和开场白。传递信息的起始方式往往会决定沟通的结果，如果第一句话就不得体，或是使人不感兴趣，必然会导致对方的注意力分散，或是产生厌烦或焦躁情绪，进而大大地影响沟通效果。有研究表明：在面对面的沟通中，人们大约花2分钟而电话沟通里大约要花30秒的时间来决定是否喜欢或信任对方。因此，糟糕的沟通大多是选错了切入点或没有设计好开场白。

要素二，敏感地非语言信息，主要是态度、诚意与礼遇等。美国心理学家艾拜特·梅拉比安把面对面的沟通效果概括为“信息表达＝55%人体动作＋38%声音＋7%的语言”，这表明了非语言信息对沟通效果的重要影响。沟通者的语言、眼神、身体姿态、对周围事物的态度和感觉等都会传递出某种信息。糟糕的沟通者往往只集中于自己的想法、感觉和经验等，其眼睛、耳朵或大脑接收不到他人的非语言沟通信息，而出色的沟通者则会极其敏感地关注他人语言的、肢体的、非语言的和其他象征的各种沟通信息。

要素三，信息表达方式。发出信息的方式总是会影响接收信息的结果。同样一句话，从不同的人嘴里说出来，给人的感受是完全不同的，沟通效果会有很大差别。为什么呢？这就是信息发出方式的不同。糟糕的沟通者往往不考虑他们传递信息的方式，自己喜欢怎么说就怎么说，而一个良好的沟通者则会充分考虑信息受众的感受和接受方式、正确理解等，注意选择信息表达方式。

要素四，信息被正确接收的前提和基础。人们常用“对牛弹琴”来形容不良沟通，事实上，造成这种局面的主要责任者显然不是“牛”，而是“弹琴”的人，即信息发出者不会灵活处理，没考虑信息接受者的实际需要和情况等。比如，实际中有的人会以同样的方式给不同的人说同样的事，由于理解能力、背景、愿望、心态等不同，其沟通效果会大不相同。所以，良好的沟通必须以充分了解对方的需要和特征为前提。

要素五，信息交互。沟通是双向的，既要收集信息也要给予信息。糟糕的沟通往往会表现出信息单向性，要么单方面夸夸其谈，别人根本没有插话的余地，要么保持沉默，一声不吭。

要素六，双方的协调和同步。沟通如同跳交谊舞，需要双方依据旋律来调节步伐和适应对方。好的沟通者会顾及对方的反应，主动谋求双方的协调和同步。而一个糟糕的沟通者则常常只顾及自己的状态，不考虑对方是否协同。

研究表明，成功的沟通有三项明显特征：

◆给出了正确的信息。沟通者必须做到以下几点：清楚沟通的目的或目标，使沟通内容相对集中，避免“离题”太远；熟悉沟通内容，避免发出错误信息；措辞准确，言简意赅，避免模糊或模棱两可；熟悉信息接受者的情况，根据受众的水平和特征选取沟通语言和内容；恰当运用语气、手势、比喻、举例等沟通手段准确表达信息；以诚相对，避免遮遮掩掩或拐弯抹角引起的误会。

◆收集到正确的信息。沟通者必须做到：耐心聆听，静心聆听，用心聆听；适当发问，对可能引起歧义或误解的信息作礼貌的求证；善于留心非语言信息，包括信息给予者的眼神、表情及其他肢体语言；善于运用关联信息对接受的信息进行印证、比对和联系；熟悉与接受信息相关的背景知识。

◆取得某种有利的进展。实际生活中，许多事情都是通过反复沟通而达成目标的，因此，大多数情况下，沟通只要“取得有利进展”就足够了。为此，沟通者就必须做到：高度重视沟通礼仪，避免给对方留下不好印象；伺机恭维、赞美、认同对方的某些看法往往是进一步沟通的最好“桥梁”；灵活应变，敏锐地根据相关情况变化对沟通内容和方式作出调整；善于运用肢体语言等非语言信息来调节沟通氛围；恰当运用转移、回避、谢绝等沟通技巧缓和或超越沟通障碍。

因此，要想实现有效沟通，就必须朝着这三个方面去努力。

沟通时通常会存在各种各样的障碍，有的障碍是客观因素所致，而更多的障碍则是主观因素造成的。比如：信息泛滥、时间不够、环境或氛围不适宜、程序障碍等都属于客观因素，而个人地位、个人的诚信度、认知偏差、个人情绪、语言障碍、行为习惯、处事经验等个人因素带来的障碍多表现为主观障碍。沟通的过程实质也就是消除这些障碍的过程。只按自己的想法、只按自己的观念和立场去理解，这是大多数人沟通时最容易患的毛病。其实，这就是人世间最难克服的沟通障碍。因此，要想沟通顺畅，务必需要换位思考，也就是给别人的观点、立场、要求和愿望等“腾出一点地方”来，这就是人们常说的“包容”。

沟通障碍多种多样，跨越的技巧也数不胜数。人与人之间之所以需要沟通，就是因为认知差异的存在，这种认知差异包括不同见解、异议、分歧或距离等。沟通就是为了消除或缩小这种认知差异。从这个意义上说，跨越沟通障碍的基本方法就是设法“同化”差异和设法应对差异。“同化”需要在理解和同情的基础上进行合理诱

导，居高临下地说服教育、站在对立面上的解释和说明等往往不是“同化”最有效的沟通思维。而应对差异则需要酌情处理，灵活应变。比如，赞美对方、试探原因、巧妙发问、避免冲突和争辩等，都是应对差异有效的方法。

就一般而言，克服沟通障碍大致有两大途径：一是消除组织障碍，二是消除个人障碍。组织障碍的消除要依赖于领导重视、程序的规范、民主氛围的形成和团队精神的培养等。而个人障碍的消除有赖于个人素质的提升和沟通技巧的掌握。下列技巧通常有利于消除沟通障碍：

简化语言，即沟通时要尽量言简意赅。
主动且耐心倾听，要尽量听明白对方的意思表达。
注重行为和语气的礼貌，充分尊重对方。
以善良和诚意去打动和感化对方。
尽可能利用反馈信息，力求使沟通逐步深入。

2. 面对面沟通礼仪与禁忌。

面对面沟通的效果主要取决于三大方面：一是语言文明；二是肢体语言得体；三是恰当地使用沟通技巧和谈话艺术。

沟通离不开语言，沟通中需要使用文明、礼貌、准确的语言。交谈过程中，如果语言粗俗、不通礼仪，甚至满嘴脏话，就会使对方感到不快，继而产生厌恶心理。如果语义模糊，词不达意，逻辑混乱，让人摸不着头脑，就必然会影响双方的交流。所以，谈话首先要求的就是语言规范。语言规范大致可以归结为：语言礼貌、语言文明、表述准确、注意禁忌。

语言的礼貌主要体现在三个方面：一是主动性，即首先使用、主动而自觉地使用；比如，见面时与人打招呼非要等别人开口，你才回应，有时就会显得失礼。二是约定性，即用语要约定俗成，人人皆知，不宜独创或强调个性。比如，在日常生活里你也像孔乙己那样回答别人“多乎哉？不多也。”人们会觉得你扭捏作态，显得另类。三是语言的亲密性，让人觉得暖心、亲切而自然。常言道：“要想多捉到苍蝇，使用蜂蜜比使用醋更好”。比如，遇见一个陌生的小孩，他突然叫你一声“叔叔好”或者“阿姨你今天真漂亮”，你会是什么感觉？你立刻会产生一种亲近感，你会觉得这小孩真可爱，真懂事。因此，语言礼貌是人际沟通中最好的“特别通行证”。即使别人不怎么愿意搭理你，但一声礼貌的称呼或暖心的问候等，顷刻会把沟通障碍融化。

语言文明，集中体现在如下几个方面：首先，是要恰当地称呼他人，你的称呼要让人感受到尊重和敬佩。与人交谈，如果你一开口的称呼就不恰当，接下来的沟通效果就可想而知。其次，尽量使用谦恭、高雅、脱俗、有内涵的文明词汇。日常生活中，同样的事情用不同的语言表达出来，给人的感觉是完全不同的。比如，“干活”、“忙活”、“工作”意思差不多，但给人感觉的文化差异是不同的。最后，忌说脏话、怪话、粗话、黑话、谎话、风凉话和一切低级趣味的玩笑话。比如，张口就骂骂咧咧，动不动就挖苦讽刺别人，或是聚到一起就热衷于讲“桃色新闻”、“荤段子”，成天怪里怪气，怨天尤人，满腹牢骚，或者成天只知道夸夸其谈，吹牛皮，没几句实话，满嘴胡说八道。这样的人即使能说会道，也与语言文明格格不入。

表述准确大致有几方面的要求：首先，是吐字清晰，发音正确。如果结结巴巴、语音含混不清，或是读错音、念错字，轻则让人取笑，重则产生误会，必然会影响沟通效果。其次，内容要简明扼要，不宜废话连篇，没话找话，或是拐弯抹角，绕来绕去，任意发挥，不着边际，让人理不出头绪。言简意赅，是表述准确的基本要求。再其次，措辞准确，逻辑严谨。如果词不达意，逻辑混乱，甚至东一句西一句，让人不知所云，必然会产生沟通障碍。最后，语速要适度，语气要适宜，语音要适中。语速太快，跟连珠炮似的喋喋不休，让人听起来很费劲，不利于沟通。盛气凌人，语气僵硬，或是端起架子、甩官腔等都会不利于沟通。此外，沟通中要尽可能避免使用方言土语，尤其是在众多听众时，如果某个人或少数几个人听不懂，则可能产生被排斥、被冷落的感觉。

语言禁忌多种多样，视沟通环境和沟通对象而定。有的场合不宜高谈阔论，有的场合不宜交头接耳或轻声细语，有的人忌讳谈论某事，有的人忌讳提及某人。如此种种，各有所忌。一般而言，人际沟通需注意如下禁忌：切忌窥探他人隐私；忌非议他人，背后非议、拨弄是非、传播谣言属于庸俗无聊之举；忌触及令人伤心、愤怒或不快的话题；忌信口雌黄，无中生有，欺骗和故意误导他人；忌使用"不尊重"或使用"不友好"的语言，比如带有挑衅、带刺、攻击性意味的言辞；忌"不耐烦"的语言，如抱怨、拒绝、呵斥等责怪对方；忌使用生硬、命令、威胁、谩骂、居高临下，自我炫耀等言辞；忌直接质疑或纠正对方。

人际沟通中，不仅要讲究语言文明，更要讲究行为礼貌和必要的礼节。因此，交谈过程中不仅要尽可能保持积极的肢体语言，更需要遵循一定的行为规范。沟通中的表情、动作等往往是人们真实想法的流露，表明其对交谈产生了兴趣或厌倦。比如，睁大眼睛，且眨眼次数很少，表明已被话题所吸引；频繁用眼神、点头、微笑等肢体语言与说话人交流和配合，表明其对沟通的内容认同度很高。与此相反，听者不停地揉眼睛、搔头皮、摆弄头发，或是双臂交叉于胸前，环顾四周等，则表明其对沟通内容不感兴趣。面对面沟通的行为规范，归纳起来，大致有如下几点：

不乱用手势或随意插话；
与人保持适当的距离，不宜太靠近对方；
不宜过分矜持或沉默，以致对话冷场；
不宜只顾自己滔滔不绝，不给别人说话的机会；
应双眼注视交流对象，以示专注；
不做出漫不经心或傲慢无礼的动作；
不宜边干活边与人谈话。

日常交谈的八大禁忌

一忌男女无别，低级趣味；
二忌长幼无序，长幼不尊；
三忌不分亲疏，随意冒犯；
四忌揭短，取笑或羞辱他人；
五忌不讲分寸，言辞粗俗；
六忌不分场合，随心所欲；
七忌不顾对方的情绪和性格，一吐为快；
八忌心不在焉，答非所问。

沟通技巧和谈话艺术是一个仁者见仁，智者见智的话题。但一般而言，以下八个方面是共同的要求：

一是尊重对方。尊重对方是起码的沟通礼仪，也是重要的沟通技巧。尊重，包括语言和行为的尊重，因此，说话语气要谦和，目光专注对方，不时表示对谈话的呼应，保持积极的肢体动作，及时表示赞同和欣赏等都是尊重的基本要求。相反，语气傲慢、精神萎靡、打瞌睡、随意打断对方的谈话、东张西望、边谈话边干其他事等都是对对方的不尊重。

二是创造一个融洽和谐的谈话气氛。诚恳的态度、必要的寒暄、热情的问候、恰当的赞赏、甜美的微笑等等都是创造融洽气氛的基本技巧。相反，表情严肃、生硬的态度、命令式的语言、唐突地发问、直白的要求、当面的批评和指正等都容易破坏谈话气氛。

三是把握好语言的分寸。把握分寸是一种艺术，靠的是经验和修养。在沟通中，要把握好分寸，首先要认清自己的"角色地位"，你是什么样的身份，该以何种语气和态度说话一定要心中有数。分寸把握的另一个重要因素是否充满诚意和善意。"良言一句三冬暖，恶语伤人六月寒”。不怀好意的话，说得再漂亮也让人心里不舒服。同时，信口开河、夸夸其谈、无中生有、无视客观事实等通常会令人生厌。

四是选择适宜的话题。常言道：“话不投机半句多”，如果话题对方不感兴趣，即使你口才再好也没用。一般宜选择约定的主题、轻松的主题、时下最引人关注的主题、双方最擅长的主题等。

五是用合适的幽默打破陌生、尴尬、冷场和僵局。交谈过程中，因为某人“说漏嘴”或其他突发原因而置人于窘迫境地，这时，幽默可以起到很好的“润滑”作用。在一次朋友聚会的餐桌上，某人向其邻座的女士说起他公司某位经理如何讨厌，他对这位经理如何不满，毫不留情地攻击了那位经理一番。突然，这位女士问他：“您知道我是谁吗？”“不知道。”男的回答。“我就是他的老婆。”男的一下愣住了。但他突然灵机一动反问女士：“您认识我吗？”“不认识”。“哦，那太好了！”一句幽默的话惹得大家一笑了之，窘迫即刻消失。

六是避免贬低别人抬高自己。切忌在众人面前说“你错了”、“你不行”之类的话。人都有自我肯定的欲望，渴望得到别人肯定。直截了当地说“你错了……”之类的话，会伤害对方的自尊心，使人难堪，很容易引起“斗嘴”之类的争端。

七是毫不吝啬你的赞美。赞美是一种“无成本”的交往艺术。心理学家把赞美比喻成“仙人的魔棒”。但赞美不是简单的甜言蜜语、阿谀奉承和“拍马屁”。赞美要讲究自然和恰到好处。“好”、“对”、“你真棒”、“太好了”、“幸好有你”、“真美”、“你真行”等等赞美之词，如果使用得当，会使沟通氛围变得轻松和愉悦。

八是巧妙地诱导和委婉地拒绝。人际交往中，难免会遇到主观上不愿意或客观上不能满足对方要求的情况，这时如果仍然给予对方肯定的承诺，其结果可能是勉强应付、后悔莫及、言而无信等。因此，学会如何拒绝是沟通艺术中必不可少的内容。一般说来，用生硬的语言拒绝对方的请求，不仅会引起对方的反感，伤害彼此的友谊，也会使自己内心产生某种不快或不安。所以，必须拒绝时，应先说明原因、摆出困难、求得对方的谅解，并表示出抱歉和同情，以及愿意尽力的意愿。较好的方式是诱导对方采取“替代”办法解决问题。

3. 电话沟通礼仪与禁忌。

电话是人类发明中最为便捷的通信工具之一。电话沟通具有即时性、便捷性、经常性、双向性和礼仪性的基本特点。随着通信事业的发展，固定电话、移动电话等已经日益成为人们日常生活中不可缺少的沟通工具，自然也成了重要的商务活动工具。通信技术发展到今天，可视电话、卫星电话不光具有普通的通信功能，更有文字、图片、数字信息传输、全球定位、上网、拍照、摄像、录音、传真、储存等多种多样的功能，消除了沙漠、海洋、山区等普通通信的盲区，为人际沟通带来了极大的便利。

毫无疑问，使用电话几乎人人都会，但如何运用电话进行有效沟通却是一项很特殊的技能。比如，如何做好电话沟通前的相关准备，如何通过电话沟通礼仪来彰显公司形象，如何针对不同类型的客户进行商务公关，如何用通话维系客户关系，如何拨打陌生拜访电话，如何跨越电话沟通障碍，如何对付“电话纠缠”或“牢骚”电话，如此等等，都需要运用一定的技巧。而所有的沟通技巧中，礼仪是最重要的元素，没有礼仪，所谓的“技巧”就会变成狡猾、狡辩或阴谋诡计。相反，富有礼仪的沟通，即使语言笨拙，却会因诚意和善良而打动人、感化人，至少会消融对方的敌意。

电话沟通的双方不见面，全靠声音来沟通，因此，声音、语气、措辞等语音信息对沟通质量起着至关重要的作用。面对面沟通时，双方可以彼此观察到表情和肢体语言，进而做出不同的反应，但电话沟通却无法观察到这些，只能靠语言表达来实现沟通目的，沟通的效果和质量主要取决于几大基本因素：沟通内容、语调、语速、语言措辞、通话时所处的环境、说话的态度等。电话沟通中，虽然双方不见面，但语调、语音、语气、措辞等都能反映出态度。事实上，谁都不乐意与态度恶劣的人继续沟通。因此，通话中应尽可能保持态度温和、措辞谦逊、语调适中、语言礼貌，避免粗俗、傲慢、生硬或卑微等不适宜的态度。比如，接听电话时经常会听到“谁呀？”或“你是谁？”、“干啥？”之类的问话，听起来让人感觉很不舒服。接下来的沟通效果自然可想而知。

电话沟通的礼仪主要涉及如何拨打、接听和转接电话，这三个方面都有一定的规范和禁忌。

拨打电话，属于电话沟通中有事相商、有话要说、有事相求的主动一方，通话过程始终应保持主动，相应的礼仪要求也应与此相适应。概括起来，拨打电话的礼仪主要有如下几点：

◎应事先做好相关准备，尽可能避免匆匆忙忙拨错了号码，或是接通了电话却不知从何说起的现象发生。拨打电话前要尽可能使自己保持心境平和，气喘吁吁或浮躁不安、火冒三丈时尽量不要拨打电话，以免因态度粗暴而影响正常沟通。

◎尽可能避开吃饭、午休和睡觉的时间给对方拨打电话，一般也不要在休息日打电话跟对方谈生意或公务，尤其是拨打国际长途电话时应估计好时差，避免打扰别人休息。

◎切忌在凌晨或深夜给对方拨打电话，除非十万火急，这种时间一般是不宜打扰别人的，避免给对方造成惊慌或厌恶。

◎一般不要在刚上班或临下班时给人拨打电话，因为一上班或临下班前，人们通常会有急于处理的事情需要抓紧办理，很可能没有耐心听你啰唆，本来可能沟通好的事也许由于时间不妥而得不到满意的答复。

◎尽量控制好通话时间不要太长，在国外有“3分钟通话原则”，即通话一般不要超过3分钟。通话太长，造成电话占线，会影响其他通信业务，况且会产生听觉疲劳，影响沟通效果。

◎拨打电话者必须牢记，有三句话非讲不可：第一句是首先问候对方“您好！”切忌以“喂”代替；第二句是“自报家门”，表明身份，以便对方确知来电者何人；第三句是结束通话时说一声“谢谢，再见！”这三句话被称为“电话基本文明用语”。

◎拨打电话，态度一定要友善、谦和讲究礼貌。切不可语言粗俗、生硬和急躁。这样容易引起对方反感。

◎如果你要麻烦别人找人听电话，你至少要让人知道你是谁，并使用“请、麻烦您、劳驾”等礼貌用语。既不打招呼也不问候对方，直接说你找谁，这是很不礼貌的。

◎拨错电话或电话串线是常见的事，这时应礼貌地说声“对不起，打错了”，一挂了事是失礼的。

◎拨打电话时要避免与旁边的朋友说说笑笑，避免在通话的间隙与旁人讲话。如果在通话过程中确有急事要处理，应向对方说明。

◎拨打电话时无论是独处还是当众，也无论是可视电话还是不可视的电话，都应避免不雅的姿势，如趴在桌上、双腿翘在桌上、躺在沙发上、电话夹在脖子上等都是极其不雅的姿势。不同的姿势尽管对方看不见，但会从语音、语调或语气中感受出来你的态度。

◎在公众场合，尤其是身处重要的场合，比如会见重要客人、商讨重要事宜、向上级汇报重要事项、与客户谈判重大合同、参加重要的仪式和庆典、宴会等都要避免使用手机拨打电话，实在无法避免时，应寻找无人之处或洗手间等避开公众的地方通话。

接听电话，许多人把它当成一件被动的事来对待，其实，在职场当你有这种认识时，你的服务意识已经出现了问题。从礼仪的角度讲，作为接听电话者，你的宗旨应该是“宁愿麻烦自己也不能浪费对方的时间和通话费。”因此，职场人士应当随时做好接听电话的准备，尽可能以最快的速度和最精准的回应来对待每一个来电。为此，时刻应有“变被动为主动”的思想和物质准备。比如，在电话机旁随时备有纸和笔，以方便记录；随身携带电话以方便接听，并随身携带纸笔以便于记录等；离开固定电话时，随时注意做好录音回应或电话转接等。这些细节都是对电话拨打者的一种基本尊重。当接听电话变成了一种“等待接听电话”的状态时，对拨打电话者来说，备受重视和尊重的内心感受就会油然而生。因此，公司的客户服务电话、前台接待电话、行政服务机构的公共咨询和服务电话、应急救援电话等就必须时刻处于“等待接听”的状态。否则，就会给人“管理不善”或“效率低下”的直接感受。

接听电话的基本礼仪可归纳为以下几点：

◎及时接听。一般应待电话铃响 2 ~ 3 声即刻接听，电话一响，立刻接听，有时会显得过于急促（当然，救援或应急电话除外），响铃超过 4 声，会给人感觉反应迟缓。如果因客观原因未能及时接听，应向对方致歉：“对不起，让您久等了。”

◎礼貌问候和自报家门，方便对方确认是否打错电话。

◎礼貌应对。尽可能使用敬语，这是职业化电话接听的基本礼仪。尤其是接听电话的第一声十分重要，如果过于生硬或无礼，会给对方留下极坏的印象。比如“喂，谁呀？”“谁呀，说话！”这样的对话开场会极大地伤害对方的沟通情感，影响其平和的心态。

◎把握语速和语调。通话中要随时注意给对方调整适应和思索的时间，这样才能产生良好的通话效果，且这是良好礼仪的表现。如果只顾自己一吐为快，连珠炮似的啪啪啪说个不停，不给对方插话和思考余地，是很失礼的。

◎认真倾听，尽可能扼要记录和反馈核对。尽可能记住“5W1H”，即何时（when）、何人（who）、何事（what）、何地（where）、何因（why）、如何处理（how），以方便汇报和尽快回应对方。

◎接到责难和批评性电话时，应尽可能委婉地解说，并先向对方表示歉意和谢意，尽可能避免与对方发生争辩。不使用否定或绝对性的答复语，注意语气委婉和留有回旋余地。

◎接到征询、协商或求助性电话，应尽可能主动提供方案，并赋予对方优先选择的权利，避免自己定板，使对方为难。

◎尽可能避免使用“喂、喂喂、喂喂喂”之类的语言叫个不停，显得极不耐烦或焦躁，而应使用“您好……您好……”或者“我听不见您的声音，对不起，我只好挂机了”，在挂机前向对方说清缘由，避免骂骂咧咧，自言自语地挂机，你听不清不一定对方也听不清，所以，应注意礼貌地挂机。

◎接听电话时尽可能避免多余的声音，避免给对方传递你并未专心听电话的感觉。比如，音乐声、别人的谈话声、嬉笑声、吸烟、喝茶、吃零食、嚼口香糖等都可能引起对方的猜测，从而使人感到不受尊重。要是在通话时想打喷嚏或咳嗽，应偏过头，掩住电话，并向对方说声“对不起”。

◎尽可能礼貌地结束通话和挂机。切忌避免“我懒得跟你说了”、“我无法答复你，你还是找别人吧”、“别再烦我了”之类的极不友好的语言结束通话，至少要给人台阶下，找一些缓冲的语言结束，比如，“抱歉，今天我还有别的事急着要处理，要不我们找时间再沟通吧，再见！”或者以征询的口吻“我们找机会再沟通行吗？”来委婉地结束通话。原则上，电话沟通中挂断电话的选择权应交给拨打电话的一方，且礼节上应是长辈、上司、客户、女士先挂电话。切忌没有结束语就挂电话，尤其应避免“啪”的一声重重地挂上电话，这是很失礼的行为。

◎职场人士，如果你是办公室秘书，前台接待、文员等，经常会遇到大量的转接电话，需要迅速做出判断该不该转接（这时你需要搞清对方身份、了解对方用意、让对方稍等以便去征询接听者的意愿）。这时，接听电话者更要讲究电话应对技巧。有时，可能会遇到大量难缠的来电者（如坚持只跟上司通话的人、投诉或者敌对的客户、提出令你难以及时作答的问题、来电者的要求超出正常权限范围等），遇到这种情况不能随意处理，更不能一挂了之，必须机智地处理，常见的既能结束纠缠又不致伤害对方的托词有：

“请稍等，我去看他在不在办公室”

“很抱歉，他正在开会，您有什么话需要我转告吗？”

“很抱歉，他现在不在，您能留下您的电话吗，待会儿我转告他给您打过来，行吗？”

“对不起，我这里有件急事需要处理，待会儿我再给您打过去好吗？”

“很抱歉，这件事我做不了主，我请示一下再答复您，行吗？”

“很抱歉，您说的事我不是很清楚，您让我再查一查后答复您好吗？”

◎办公室里，经常会出现代接同事电话的情形。代接电话要注意几点：礼貌地征询来电者意见，有没有需要转达或代办的事宜，以便帮忙协助解决；传达准确、及时，切忌遗忘或拖延转达，也不要请其他人代为转达，以免内容变样或耽误时间；尊重隐私，切忌热心过度，问长问短，甚至添油加醋地散布谣言和猜测；向来电者做扼要解释，避免来电者猜测和担心。

◎通话中需要暂时搁置电话让对方等候时应说明原因，并说明需要对方等候的大致时间，以免让对方焦急等待。且一般让对方等候的时间不要超过 15 秒，电话搁置 15 秒后一定要有所回应，表明你在继续关注与对方的通话。恢复通话时，要先致歉，并感谢对方的等候，然后才继续沟通。

4. 书面沟通礼仪与禁忌。

在日常生活或工作中，书面沟通的形式多种多样，比如：邀请信、介绍信、求职信、推荐信、公开信、感谢信、慰问信、传真、电子邮件、请柬、便签等，形式不同，其格式及礼仪要求也不尽相同，但其基本礼仪规范大都是从书信礼仪演变而来，故大同小异。虽然，人们现在已经极少使用书信来沟通，但信函礼仪规范在书面沟通中的重要作用依然没变。因此，书面沟通礼仪的重点是信函礼仪。

书信分为正文和信封两部分组成。信封需先写清楚书信送达的详细地址、邮政编码，接着第二行应写“××同志（先生/女士）收”。注意：信封是写给投递员或信件传递者看的，所以，只能用大众化的称呼，不能写为寄信人对收信人的称呼，如写成“××父亲大人收”就是不合适的。信封的右下角再写上寄信人的详细地址和邮编即可。

书信的正文有严格的格式规范要求。一般分为称谓、问候语、正文、祝颂语、落款五大部分。抬头要顶格写尊称，再另起一行空两格写上问候语，然后再另起一行写正文。正文完了，要另起一行写上期望或祝颂语，最后才在右下方写上写信人的落款和写信日期，见下图。

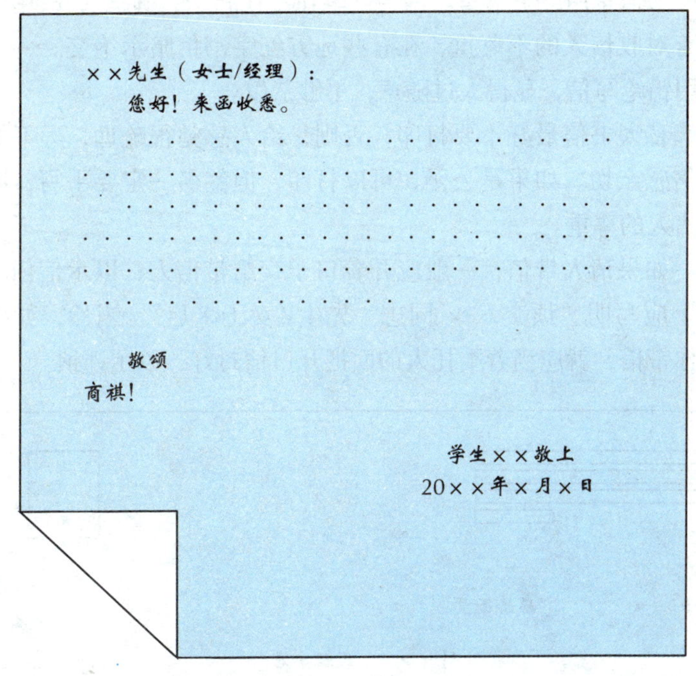
××先生（女士/经理）：
　　您好！来函收悉。
……
　　敬颂
商祺！
学生××敬上
20××年×月×日

除了格式必须规范外，书信的礼仪主要还体现在以下几方面：

◎书信中的称谓要用尊称。过去不同的身份有不同的专门用语，如对父母用“膝下、膝前”、对长辈用“钧鉴”、对平辈用“台启、惠鉴”等，现在多以“尊敬的 ×× 同志（先生 / 女士）”等代替尊称。而英文书信中则用 Dear 或 My Dear 再加上称呼，如 My dear mother/Dear Mary 等。

◎信写好以后，要有“关门语”。比如：“敬颂钧安”、“恕不赘述，顺颂商祺”、“匆匆草此，顺颂大安”之类较为古朴、儒雅的用语，也可以用“此致敬礼”、“顺祝健康”等祝福语。如果没有“关门”，让人感觉好像信没有写完，就像当面说了几句话，没打招呼就离开了一样，显得有些失礼。

◎署名最好用谦辞（或启禀词），如对长辈用“叩上、拜上、叩禀”等，对平辈用“谨启、亲笔、顿首、上”等，对晚辈用“字、示”等。名字的后面加上这类启禀词，以示对收信人的尊重。

◎书信忌用红笔书写。因为红笔在古代属于“御批”，故用红笔暗示着对收信人的不尊重，在有些地方红字书信暗示绝交。一般也不要用铅笔写信，显得太过随意，不够恭敬。

◎私人书信最好不要打印，否则，给人感觉很疏远，远不如亲笔信倍感亲切。如果是公函，可以打印，但签名一定要手写，以示对收信人的尊重。

◎如果请人带信，一般应开着口子交给带信人，以示信任。且信封上应写明“烦交 ×× 同志（先生 / 女士）启”。当然，如果别人请你带信，就应当着委托人的面把开口信封好，以示谨慎。

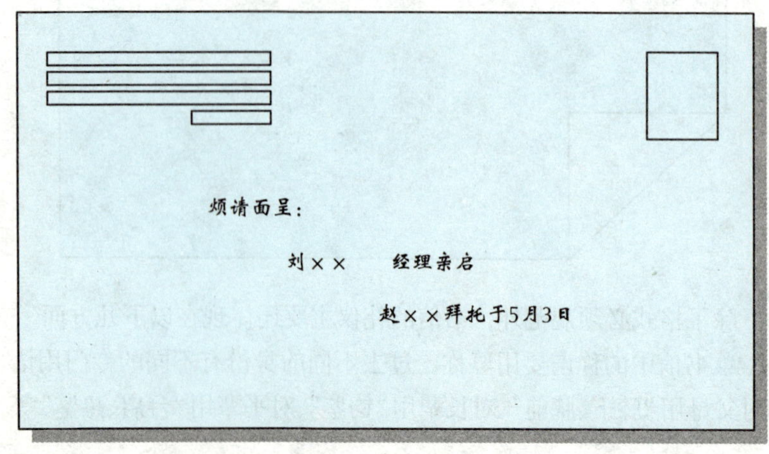

一般公函或商业函件大都使用带有单位名头的信纸。介绍信、证明函等多用标准格式的专用纸，这类函件大多加盖公章。而一般性的商业函件不宜加盖公章。

介绍信

兹介绍×××等两位同志前来贵单位联系并洽商组织我单位离退休职工到贵馆参观学习事宜，请予接洽，并望支持。

此致

敬礼！

（有效期限十天）

×××机械工业公司（盖章）

20××年×月×日

请柬又称请帖，是最常用来表示正式邀请的文书，其礼仪规范有如下几点：

- 请柬封面大多为红色，以示喜庆，民间忌用黄色或黑色请柬。
- 请柬的书写宜用钢笔或毛笔，且不宜用彩色墨水笔书写，只宜用蓝色和黑色墨水笔书写。
- 请柬的行文要讲究雅、达、切。雅即文字要儒雅，达即语言通顺明白，切记确切。也就是行文中应将活动时间、地点、要求、联络方式、注意事项等交待清晰，以便受邀人备忘。最周到的方式是附上回帖，并注明回帖地址、电话及联系人姓名等，以方便受邀人回复。
- 请柬的结尾可以参照信件的结尾来写，如“此致敬礼”等，最后写明发请帖者的姓名及发帖时间。
- 写请柬的目的不仅仅是通知对方来参加活动，更重要的是用此表示对对方的敬重和活动的重视，因此，即使被邀者近在咫尺也要发请帖。
- 送达请柬时最好不要有第三人在场，避免尴尬或伤害他人自尊心。收到请柬者也不要炫耀或声张，以免引起不必要的误会或矛盾。

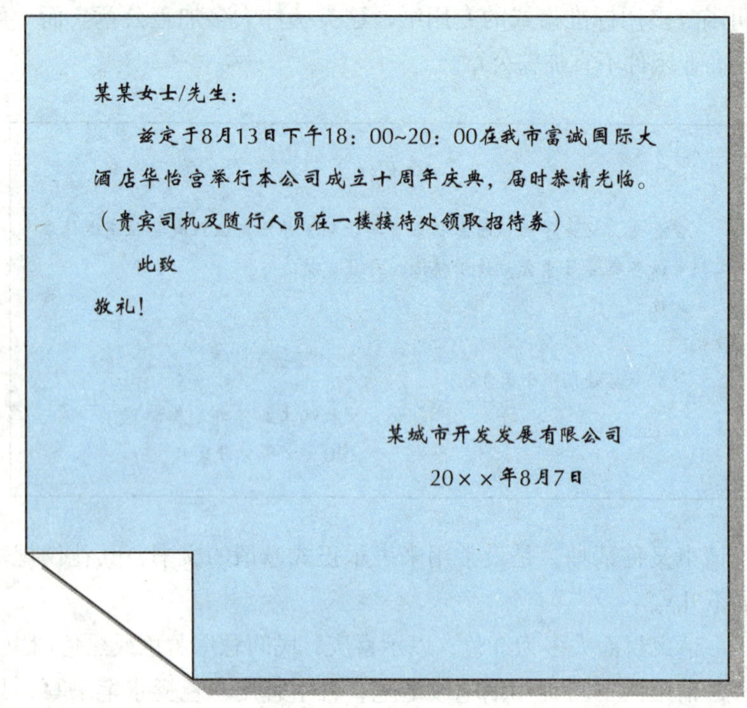

某某女士/先生：

兹定于8月13日下午18：00~20：00在我市富诚国际大酒店华怡宫举行本公司成立十周年庆典，届时恭请光临。

（贵宾司机及随行人员在一楼接待处领取招待券）

此致

敬礼！

某城市开发发展有限公司

20××年8月7日

如果是国际会议或国际性商务活动的邀请，一般情况是以邀请信的方式发出邀请。东道主在发出的邀请信中应把邀请范围和对相有关手续的规则交待清楚，如代表团的组成、首席代表资格、列席人员的接待方式、翻译工作、活动发言使用的语言以及会议拟定的发言议题等。

对邀请的答复务必及时，以便邀请方尽早地清楚前来出席的人员情况，并据以做出周密的筹划和安排。对正式的邀请，礼节上应该做出正式的答复。若要拒绝邀请，应该告知对方拒绝的原因，拒绝的语言一定要明确但尽可能措辞委婉，不可含糊其辞，模棱两可。

网络沟通礼仪，也就是在网上进行信息交流时必须注意的各种礼仪细节。网络世界与现实世界最大的不同就在于“自由”和“自律”。

网络给了人们行为最大的自由空间，在网络上几乎可以无所不为或为所欲为，正是这种“自由的天堂”使得人们流连忘返。也正由于这种高度的“自由”，就要求人们要有严格的“自律”，否则，无聊谩骂、血腥斗殴、淫乱放荡、恶作剧、造谣生事等会搞得网络“乌烟瘴气”，“自由的天堂”就会成为最恶心的“垃圾场”。因此，学会“自律”就是网络礼仪最基本的要求和原则。

网络沟通的形式多样，最主要的有电子邮件（E-mail）、BBS 论坛、网络聊天，即 MSN 或腾讯 QQ、博客、微博等。这些方式大致类似于现实世界里的书信往来、面对面的交谈、朋友沙龙或聚众讨论、日记或随笔等沟通形式。因此，相应的礼仪要求也就与这些沟通形式的要求基本相同。

五、职场餐饮礼仪规范与禁忌

宴请是人际交往中最为常见的活动之一，大至国宴，小至私人宴请，都必须遵循一定的礼仪规范，这是职业人士应该而且必须熟知的重要事项。中餐礼仪、西餐礼仪、酒水礼仪、宴会礼仪等常识和禁忌是职业经理人职业素养水准的具体表现之一。

1. 餐饮排位礼仪规则。

餐饮礼仪的重要性体现在坐席安排，包括桌次和座次。这是宴会组织的礼仪重点，应精心考虑和细心安排。坐席安排一方面是为了入席时井然有序，避免混乱，另一方面是体现尊卑有别、方便交流。

中餐排位分为桌次排列和位次排列两方面。桌次排列中，一般遵循“面门定位”、“以右为尊”、“以远为上”的基本规则。即以“门”为基点，桌席纵向排列时，距门越远，桌席越尊贵；桌席排列与门平行时，右边为上桌，左边为下桌。这里的左和右是以面对门的位置来定位的。餐桌较多时，桌次尊卑依序排列，餐桌大多形状一致，但有时主宾桌可以略大一些。

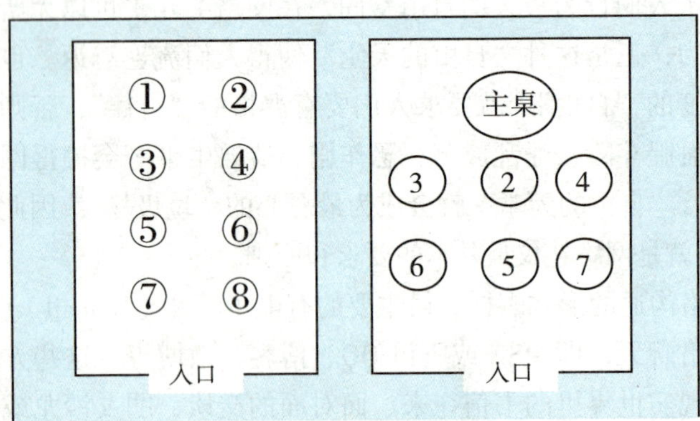

桌次排位礼仪示意图

位次排列，一般应遵循“主人定位”、“右尊左卑”、“近高远低”、“面门为上”的基本规则。座次排位要注意如下礼仪规则：

主人要坐主桌，并面对正门。其右手为主宾，其左手边为次主宾。

主人的正对面为主陪，一般情况下，男女主人应对面而坐。

每桌位次的尊卑以距离主人的远近而定，近者位尊，远者位卑。

桌席较多时，每桌一般都应安排主人的代表，位置一般坐在每桌的主陪座位上，即面向主人，以便与主桌主人的行为呼应。同时须注意通常以靠墙的座位为上坐，靠过道的座位为下坐。

中餐多用圆桌，而西餐多用长方桌。西餐的排位，尽管排位原则基本都是遵循国际惯例，但由于餐台格局及摆台方式与中餐大不相同，所以，排位也就有所不同。

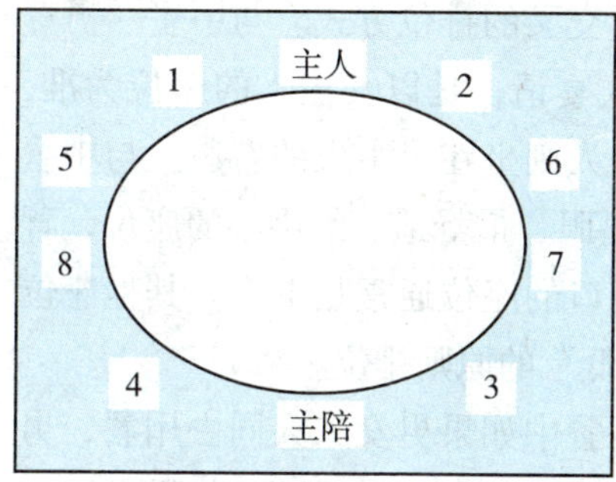

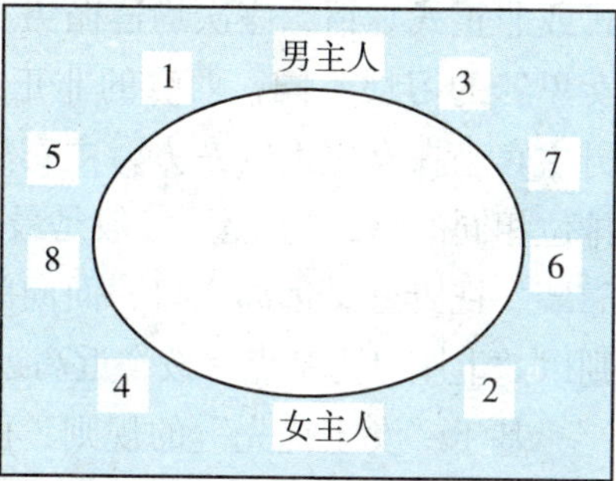

座次排序礼仪示意图

常见的西餐餐台形式有便宴台、冷餐台、宴会台和鸡尾酒会台、茶会台等。4人以下的用餐多用小方台或小圆台，5人以上则多用长方形台式。西餐宴请时，根据宴请人数多少、宴请的来宾情况和宴请的规格档次，一般可将台形设计为“I”形、“T”形、“E”形、“H”形、“U”形等。桌次的高低以距离主桌位置的远近而定，依然是“右高左低、近高远低”的原则，桌数较多时应摆上桌次牌。参见下图所示。

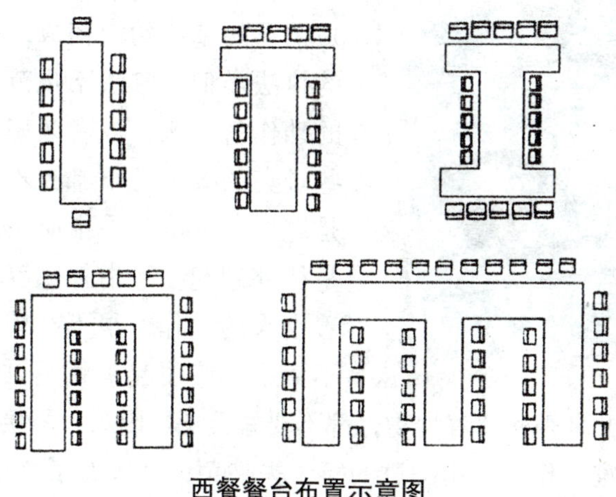

西餐餐台布置示意图

西餐的座次排位分为正式宴会和非正式宴会，正式宴会以职位或身份高低排位，非正式宴会则强调“女士优先”原则。但不管正式或非正式宴请，座次均遵循男女交叉的排位方式。与中餐“男尊女卑”的习惯不同，西餐的非正式宴请，是以女主人的座位为准，男主宾坐在女主人的右方，主宾夫人则坐在男主人的右边。与中餐排位相同的是，“上座”一般是最显眼、最舒适、最中心的座位，背靠墙、视野好、远离入口、面向门口的座位通常是上座。其他座位则以“上座”为基点，按“近高远低”的原则排位。

基于“女士优先”的规则，西餐中如果男女二人同去用餐，男士应先请女士入座，且女士应坐在男士的右边或对面，如果只有一个靠墙或靠里的座位，一定优先女士坐。如果是两位男士陪同一位女士就餐，女士应坐在中间位置。且入座时男士应主动为女士挪动椅子，以方便女士入座。如果是两位同性就餐，则上座应让给其中的长者或尊者坐。

2. 餐具使用礼仪规则。

筷子是中餐用餐最重要的用具，在取菜和用餐时，其用筷的礼俗和礼仪规则应侧重注意以下十点：一是筷子的拿法约定俗成，这与毛笔的执法类似，拿法不规范，夹菜时的动作就不雅，或者效率很差，有些难夹的菜夹几下都夹不起来，很是尴尬。拿筷时手指应往内收而不是往外翘起。手指外翘容易出现指着别人的动作，很不礼貌，且用力不集中，使用起来就不自如。二是不论筷子上是否残留着食物，都不要舔筷子。因为，舔筷子是极其幼稚的不雅动作，且用舔过的筷子去夹菜，别人看了会很倒胃口。三是和别人交谈时，要暂时放下筷子，不能一边说话，一边像挥舞指挥棒似地摆弄筷子，对人很不尊重，非常失礼。四是严格遵守筷子的使用功能，筷子是用来夹取食物的，不能用来剔牙、挠痒等，否则，会显得很缺乏修养。五是夹菜时筷子上不能残留食物，否则，给人感觉很不讲卫生且缺乏教养。六是用筷时讲究礼让，当两人的筷子同时伸向一个盘子时，切忌碰撞和“打架”，这是极不礼貌地“截筷”，这时应礼貌地说声“对不起”或“不好意思，您先请”，以示尊重和礼让。七是用筷时应先看准再伸手夹菜，切忌用筷子在碗里“淘宝”。八是筷子不用时宜搁在筷架上或盘子上，不宜拿在手上或放在碗口上或桌面上。九是用餐时，晚辈、下级、客人抢先动筷是很失礼的行为，为表示对尊者的敬重，菜上来时，应请尊者先动筷，或者主人主动礼貌地示意大家动筷。如果只顾自己抢先，既显得非常自私，也表现出目无尊长，缺乏教养的品行。十是筷子要成双使用，用一只筷子插入食品食用的行为是极其不雅的，而且犯忌。筷子插在食物上，这是古时祭祀时上供品的做法，容易引起客人的不快。

由此可见，筷子虽小，但礼节颇多，用餐时如果餐桌上提供了公筷，则要尽量使用公筷，这是现代文明的体现，既卫生，也文明。

勺子是除筷子之外的又一重要餐具，其作用主要是用来喝汤和舀取食物。但用勺子舀取食物时一般不要太满，以免汤水溢出，一路滴洒。用勺子喝汤时，如果太烫，不可用勺子舀来舀去，更不得用嘴去吹，否则，有失儒雅。用勺子舀取食物，一般不要把勺子塞进嘴里然后又再去公共碗里舀取食物，很不卫生，且容易让人反感。勺子不能像小孩一样吮吸、舔食，不仅显得幼稚，且极其不雅。

中餐桌上的餐巾有几种，擦手毛巾、湿纸巾、餐巾等，其用途不一，用法也有讲究。首先要懂得餐巾使用的国际通行规则是“取左不取右”。如果你不懂，就可能拿了邻座的餐巾，使其不知所措。餐巾是保洁和美化的工具，防止调味汁、汤料等滴落在衣服上，去除嘴上油迹等用，切忌用餐巾擦脸或擦汗。餐巾折成各种花形插在酒杯里，既供人欣赏，也用来区分主宾关系。不同的花形、不同高度、不同颜色的餐巾主要用来区分主、宾位置，特殊的、显眼的就是主位。餐巾要摊放在腿上，不要塞在腰带里或围在脖子上。正式宴会上要等主人拿起餐巾后客人才可拿起餐巾，反客为主是失礼的行为。千万不要把餐巾当抹布，拿来擦拭餐具，这是对主人或餐厅卫生的不信任的表现。席间离座，应将餐巾对折后放在桌上，不要放在椅背上或揉成一团放在座位上。离席前，先将餐巾对折后放在桌上座位左侧，再起身离席。

茶杯、酒杯、饮料杯一般搁置在用餐者的右手，国际通行的惯例是“固体在左，液体在右”。所以，用餐时要注意别拿反了方向，给邻座造成不便。用餐时一般杯具不要混用，比如拿饮料杯盛酒，在很正式的场合是不合适的。任何时候杯子都不能倒扣在桌上，否则，就是失礼。因为，倒扣杯子要么表达不满，要么就是硬性拒绝，这都是失礼的行为。

牙签是现代流行的餐后用具之一，古代人多用牙线而不用牙签。使用牙签时注意牙签只能用来剔牙，不宜用来取食。剔牙时应用一只手遮住口部，以免龇牙咧嘴，丑态外露。剔出来的东西不要随口乱吐，也不要再次入口，一般应吐在盘子里。剔牙后不要长时间叼着牙签，很是不雅。

西餐餐具分为刀、叉、匙、杯、盘、碗六大类，但每一种又有多种规格和专门用途。西餐桌上，公用的刀、叉、匙规格明显大于宾客用的刀、叉、匙规格，不可混同。此外，正规的宴会上，一般每道菜均配有一套相应的餐具，不可混用。西餐餐具与菜肴相匹配，不可混用，一般根据食用菜肴的上菜顺序先后，餐具也从外向里依次排列。

部分西餐餐具种类示意图

西餐餐具的摆放很讲规则，一般是垫盘（又名展示盘）和叠好的餐巾摆放在餐位正中，盘前横匙，左叉右刀。垫盘外侧的叉、刀、匙要依次排列整齐，据桌边的距离相等。刀刃朝里，叉齿和匙心朝上。一个席位至少一般摆放三副刀叉。

此外，西餐餐具的摆放还有一种无声语言，那就是暂停食用和用餐完毕的餐具摆放示意不同。有时服务员是依据客人餐具摆放的示意来判断是否需要收拾餐具的。刀叉分离置于左右成“八”字形或交叉时，表明尚未吃完，只是暂停使用；刀叉并列置于一边或中央，则表明已经吃完，示意需要收盘。

西餐食用坚硬或块状食品，一般使用刀和叉，且一般是“左手持叉，右手持刀”。用刀、叉切食，左手持叉进食，叉尖朝下。食用柔软或散碎食品，则单用匙或叉即可。

一具一用是西餐餐具的基本使用规则，使用餐具时注意分清餐具的规格种类和功能，不可混用。比如不宜将汤匙拿来当餐匙用，也不宜拿面包刀当餐刀使用。

注意安全和礼仪是西餐餐具使用的另一基本规则。刀、叉如果使用方法不当，可能伤人，故不可将刀刃面向他人，更不可在交谈时手在空中挥舞刀、叉，既不礼貌也不安全。使用时注意安静，不宜让刀、叉发出铿锵的碰撞声。

餐巾要摊放在腿上，不要塞在腰带里或围在脖子上。除小孩外，把餐巾围挂在脖子上或胸前会让人觉得很孩子气，现在一般不这样使用。餐巾是保洁的工具，防止调味汁、汤料等滴落在衣服上，可用其去除嘴上油迹或擦手用，切忌用餐巾擦脸等。

餐具宜轻拿轻放，不宜有任何“扔”的动作，否则，不仅会发出声响且有失儒雅，别人会以为你有何不满。万一在用餐过程中用错了餐具或看到别人用错了餐具，切忌大惊失色，也切忌提醒他人，社交场合讲究“小错不纠”的规则，以免使人尴尬。

3. 用餐时的举止行为禁忌。

用餐时一般讲究坐姿端正，动作儒雅，不宜摇头晃脑、宽衣解带、满脸油污、汗流满面、汁汤横流、响声大作，不仅有伤大雅，且影响别人的食欲。比如，咀嚼时发出“叭叽叭叽”的响声，或是喝汤时发出“咕噜咕噜”的声响都是不雅的行为。用餐过程中忌玩弄碗筷，敲敲打打或比比划划，也不要举筷不定，或狼吞虎咽。

切实注意入席礼仪和就座礼仪，如果桌面上没有席位名卡时，切记抢占最佳位置就座。入席时遵循“左进右出”的规则，即从座位的左边入座而从右边离座。

客人不能“喧宾夺主”，在主人未安排坐席或示意客人入座前，客人不宜抢先入座。在主人没有示意用餐开始时，客人不宜抢先取食。新菜上桌，主人没有示意尊者动筷时，其他人不宜抢先品尝。

用餐过程中，如果需要清嗓子、擦鼻涕、吐痰等举动，最好去洗手间解决，切忌当众操作，举止不雅。尤其是咳嗽或打喷嚏时不可对着餐桌或别人，应扭转身体，用手遮挡，并说声“对不起”。

用餐时遇有异物或不卫生的情况，切忌大惊失色地告知他人，既影响大家食欲，也会使主人难堪。一般应保持镇定，或干脆去洗手间解决。

女士用餐前应抹去口红，切忌在杯、碗等餐具上留下唇彩印。

男士进餐时应尽量避免吸烟，如果要吸，应先征求一下邻座尤其是女士的意见。

此外，中餐用餐的礼仪禁忌一般应注意四大方面：一是宗教禁忌。如佛教禁食荤、伊斯兰教禁食猪肉、印度教禁食牛肉、犹太教禁食无鳞的鱼等。二是民族禁忌。如回民不吃猪肉、英国人不吃狗肉、美国人不吃鲤鱼、俄国人不吃海参、日本人不吃皮蛋等。三是职业禁忌。如司机、法官、飞行员、教师、公务员等不宜饮酒上岗等。四是个人禁忌。比如糖尿病人不能吃甜食，高血压病人不宜饮酒，和尚不宜食荤，小孩不宜食辣等。所有的饮食禁忌中以宗教禁忌最为严格，用餐时必须注意。尤其是宴请客人时要高度注意并礼貌地询问客人是否有禁忌，如果有就要切实避免犯忌。否则，就是对客人的不尊重，必然失礼。

有些禁忌属于民间特有的“潜规则”,也必须注意。比如,与渔民、海员、司机吃饭时,忌讳把鱼翻身,因为那样暗含“翻船”或“翻车”之意,被视为不吉利。

中国人讲究“无酒不成席”,劝酒往往是中国酒文化中最著特色的部分。劝酒显示出热情、好客、主动示好等积极的一面,但劝酒必须适度。那种非要“一醉方休”的饮酒陋习是粗俗的,尤其是强迫和勉强别人喝酒会令人不快,更是失礼的行为。所以,餐桌上,斟酒、敬酒、劝酒、拒酒都应讲究礼节,懂得尊卑、长幼、男女有别,要注重谦让和尊重他人。自斟自饮,或宽衣解带,甚至赤膊上阵,豪饮无度等都是不符合礼仪规范的行为。

在正式宴席上,敬酒是讲究顺序的,宾客不能“喧宾夺主”。首先,主人应向客人和来宾敬酒,以示欢迎、祝福等。主人敬酒后,主宾应向主人回敬一杯,以示谢意和祝愿等。敬酒时应从座位上站起,且上身挺直,双腿站稳,右手举起酒杯。碰杯时,要目视对方致意,且自身的杯沿要略低于对方的杯沿,以示敬意。敬酒时应在被敬者开始饮酒后,再将酒杯送至自己嘴边。一般情况下,男士不应首先向女士提议干杯、晚辈和下级不宜首先提议为长辈或上级干杯,因为必须优先尊重对方的意愿。在主人向来宾敬酒和主宾回敬过主人之后,来宾之间可以相互敬酒,但应按年龄大小、职位高低、宾主身份等分清先后顺序依次敬酒,且碰杯时要避免交叉碰杯。

西方人用餐时,席间一般不上烈性酒。这一点与我国的习俗大相径庭。西方人讲究斯斯文文地小口品酒,而不习惯于一杯又一杯地大口喝酒。一饮而尽的行为会被视为不雅的粗俗行为。所以,西方人在席间只有礼节性地祝酒或敬酒,一般不反复劝酒。西餐用餐时,酒瓶不能搁在桌面上,一般应放在旁边的固定位置上,并由服务生开瓶和打理,无论是主人还是客人,都不要自己去开瓶或斟酒。西餐用餐时,边喝酒边说话,边吃东西边喝酒都会被视为失礼的行为。女士们将口红印留在杯沿上也是不适宜的缺乏修养的行为。

宴请不光是为了“吃东西”,其实也是在“吃文化”。礼仪修养、文化差异尽含其中。中餐采用的是“大团结”式的一起共享，追求气氛热烈。而西餐则更强调“自由选择”、各取所需地分餐制，各吃各的，自由享用。故西餐更讲究环境典雅、气氛和谐、恬静，不主张嘈杂和热闹。因此，许多行为规则在中餐用餐时很正常，而在西餐用餐时就变得不合时宜。这是职场人士最需要留意的。中、西餐用餐的举止差异侧重体现在如下几个方面：

第一，西餐用餐讲究举止高雅（颇为讲究仿效宫廷习俗）、衣着考究、尊重妇女、积极交际。因此，进入西餐厅，不宜像进中餐厅那么衣着随意和过于放荡（比如大声地猜拳喝酒）。

第二，在西餐厅用餐时应禁止吸烟。在中餐用餐时吸烟虽然不太符合礼仪规则，但现象比较普遍，而西餐就不同。如果你的行为影响别人，就是失礼，别人很可能礼貌地对你表示抗议。这时就会很尴尬。

第三，要注意许多用餐行为习惯的不同。西餐不要端着盘子进食，也不要用刀子扎着食物进食；饮汤或食物太热时不要用嘴吹，也不要端起汤来喝。不要用面包沾汤或擦盘子，烤面包不要撕着吃，以免面包屑飞舞，且面包应用手拿着吃，不宜用刀叉叉着吃。吃水果要用叉，不要用手抓食或举而食之。

第四，就餐前不可以随意摆弄桌上的餐具，那是缺乏教养的行为或对主人的不敬。主人拿起餐巾时表示就餐开始，主人未示意就餐开始，绝对不要动餐桌上的任何物件。就座后至就餐开始的这段时间，手不要放在桌面上。

第五，进餐过程中要说话时最好先将餐具放下，口中有食物时一般不宜讲话、不宜饮水或喝酒，因为这些行为被视为缺乏教养。

第六，吃自助餐时应把握“少量多次”的取食原则，即一次取食不要太多，但可以多次取食。既方便选择多样化，又不至于浪费食物。用餐时大肆浪费是一种很失礼的行为。

第七，西餐的工作餐，一般是主客双方“商务洽谈”中边用餐边洽商，很忌讳有局外人的加入。因此，如有同伴相陪，此时应主动回避。

第八，无论是自助餐还是鸡尾酒会等西餐场所，最主要的不是自由进食，而是自由交流，因此，在这种场合独自进食是很尴尬的，应注意积极主动地与人交流。可四处游走，可主动向不认识的人打招呼并作自我介绍等。

第九，吃西餐最忌由嘴中发出任何声响，故一般不宜吃“满口食”，宜小口进食，闭口咀嚼，尽可能避免发出声响，尤其要注意像“打饱嗝”这类行为是很失态的。

第十，切记不要舔食刀、叉上的酱汁等食物。

交际礼仪模拟实训

1. 正确握手姿势的模拟练习。

分别假定对方是新客户、老客户、老校友或老战友，分别假定在路上、在办公室、在公共场所见面时的情景，握手的几种方式分别适用于什么场合？既可分组练习，也可一对一地联系。

2. 名片交接模拟练习。

思考名片有什么作用？如何正确地递交与收受名片？索要名片与婉拒他人索要时应该如何处理？交换名片有何禁忌？并分别假定不同目的、不同场景、不同身份情况下的名片交换。既可分组练习，也可一对一地联系。

3. 自我介绍和介绍他人的模拟练习。

分别假定在招聘会上、在餐桌上、在会议上、在路途中等情景下，与人见面时如何作自我介绍，一对一地进行练习。

分别假定在办公场所、在酒席上、在正式的仪式上等场合如何将你的朋友或同事介绍给客人，分组进行练习。

4. 人际交往礼仪综合情景模拟练习。

A. 目的：运用前几讲所学的礼仪知识，分组自编、自导、自演礼仪情景剧，以巩固和灵活掌握所学的各项综合礼仪知识。

B. 练习要求：

每 5 ~ 10 人一组。各组设定一种情景，内容包括：打招呼、介绍、握手、递名片、走姿、坐姿、站姿、服饰打扮、语言礼仪等内容。表演限时 3~5 分钟，出场后先由小组长介绍主要剧情和剧中人物，表演完毕由另一组成员对其中存在的问题进行简要归纳和总结评述。

C. 项目评分标准：上述练习内容每项 10 分，另加总体印象分 10 分，总分 100 分。分别以：优秀 8~10 分；良好 6~8 分；一般 5~6 分。对每项内容打分，以总分高低衡量礼仪水准。

5. 任意假定某种产品或服务出现了质量问题，需供需双方进行沟通。以组为单位，设定组员的职位和上下级关系，假定一方为企业，另一方为客户或用户，每方派出一名代表进行双向沟通和内部沟通，然后交叉互换角色再进行沟通。观察和评述各自的礼仪规范是否到位。

6. 假定你是公司办公室的文员，现需要你完成下列文件的起草。

A. 公司拟于本月 15 日召开新产品展示会，请为公司写一封邀请新老客户参加展示会的《邀请信》；

B. 本次展示会拟邀请市政府主要领导出席，请代拟一份"请柬"；

C. 公司副总正带团在境外考察，请给其发一封电子邮件，告知其产品展示会的相关事宜及公司老总要求他尽快赶回来参加本次展示会的意思。

7. 假定你是公司的销售代表或业务员，而另一人是你的熟人或朋友。现在你想向其推销你公司的产品或服务，你打电话给他进行沟通。

8. 随堂训练题。

A. 在学习本讲内容前，请随意列举若干种自己认为不符合礼仪规范的饮食行为。

B. 请列举中餐和西餐用餐行为习惯的差异有哪些？

C. 请归纳一下，中餐礼仪与西餐礼仪的共同点有哪些？

D. 请分别列举男士、女士在参加正式宴会时应注意哪些礼仪？

E. 请至少说出 5 种以上中餐宴请的礼仪禁忌？

F. 请说出至少 5 种以上西餐用餐的礼仪禁忌？

第5讲 5

职场行为礼仪须知

引例一

把办公室当寝室引出的尴尬

小何大学毕业刚来深圳打工时在一家投资公司上班，为了省钱，寄住在几个老乡所在的建筑工地的临时宿舍里。夏天不仅炎热，且蚊子猖獗。一天经理要小何赶一份材料，小何在办公室独自加班到深夜，于是就睡在了办公室。这一夜小何睡得特别香，办公室夜里非常安静，又有空调，还可以免费上网，他觉得好不自在。自那以后，时不时小何就以加班为名偷偷睡在办公室里。既可以省车费，还能睡个安稳觉，一举多得。只是办公室里没法晾衣服，所以，每到周末，小何就回家再跟老乡们团聚一下。久而久之，把办公室当寝室已成了小何省钱的“秘诀”。

一天清晨，老板要出差，有几份材料放在办公室忘了带回去，电话吩咐女秘书去办公室找来给他送去。女秘书刚打开办公室的门，还未来得及开灯，就见里面一个黑影一蹿，女秘书大吃一惊，立马意识到办公室进贼了。立刻打电话叫来大楼保安。保安一来，打开办公室的灯，只见小何光着膀子蜷缩在桌子底下，十分地狼狈。后来一问才知道是场误会。

这件事很快就在公司传开了，随后小何也被公司辞退了。

案例赏析：

小何的境况虽然值得同情，但他的做法却实在有违常规。办公室是一个公用场所，是绝不能拿来当私人寓所的。这种公私不分的贪占小便宜的行为是职业经理人所忌讳的。

引例二

一桩小事砸了自己的饭碗

小傅在某公司一直干了5年，从小职员一直升到总裁助理，其能力一直以来都被同事们认可。一天，小傅突然离开了公司，大家都很诧异，猜测一定是找到了更好的地方去另谋高就了。后来，大家才明白，其实，小傅是因一件小事引起了总裁恼火，才将其辞退了。同事们无不为之惋惜。

原因是：一天中午，总裁在某酒家招待一位重要客人，小傅在场，总裁吩咐小傅去点菜。小傅因为刚升任总裁助理不久，不太懂得点菜的规矩，只好自己喜欢什么就点什么。结果，那顿饭小傅吃得很香，总裁和客人却没吃什么。因为小傅点的东西不对他们的口味。

客人走后，总裁大发雷霆，因为小傅使他在重要客人面前很失面子，他的直接下属这么没水准，连点菜这么小的事都干不好，说明他这个总裁的眼光有问题。于是，一怒之下就把小傅辞退了。

案例赏析：

小傅的过错就在于忽视了细节，不懂得礼节。招待客人时，你当然首先要尊重客人的意愿，你不知道客人的喜好，可以礼貌地征询客人的意愿，这体现了对客人的尊重。由此可见，职场礼仪常识是职业人士的必修课。

一、办公室行为规范与禁忌

办公室是人们处理日常事务、进行公务洽谈、沟通、会议和事务交接办理的场所，而不是朋友聚会或娱乐的休闲场所，也不是饭堂和茶社等营业场所。因此，它必须遵循特定的行为规则。办公室的行为规范大致涉及三大内容：一是日常个体行为规则；二是办公室里的公务接待及沟通规则；三是行政公务处理的礼仪规则。

1. 办公室的基本行为规范。

办公室不仅是与同事朝夕相处的地方，而且还是经常接待客户的场所。因此，办公室里的每一位成员都必须遵循一定的行为规范，维护公司形象。比如，有人说如果你想了解一个单位的员工素质水准及管理水平，最好去看看这个单位的卫生间。如果你想观察一个员工的工作状态，最好经常看看他的办公桌状态。任何时候其桌面都井然有序的人，一定是工作认真负责的人。办公室行为规范的具体细节虽然可能会因行业差异、业务特点和公司规模等条件不同而有所区别，但最基本的行为规范大致相同，这些规范包括：

严格遵守作息时间，缺勤、迟到、早退应提前打招呼。

穿着整洁，修饰得体，保持良好的仪态风范。

称呼得当，切忌使用绰号、昵称或其他任何不雅的称呼。

保持办公室环境安静、整洁和卫生，切忌高声喧哗或放声大笑，物品摆放要井然有序。

未经他人许可，切忌随意动用或转借他人的办公用品，尤其是私人物品。

如在办公室里用餐，用餐完毕应立刻将餐巾纸、快餐盒等丢进垃圾箱，切忌随手摆放在办公桌上后置之不理。

在办公室里尽量不要吸烟和吃带异味的食物（如臭豆腐、榴莲等）。

下班或较长时间离开办公室应整理办公桌，使之干净、整洁，避免零乱不堪。

办公室异性相处，应自尊自爱，切忌开过火玩笑或动手动脚。

不在办公室里处理私事，如打毛衣、洗补衣服、化妆等。

不散布流言蜚语、尤其不能背着他人乱发议论。

办公室打电话声音以不影响别人为度，私人电话要尽可能简短，切忌“煲电话粥”。

空闲时间，勿串门聊天，办公时间更不能在办公室里打闹或娱乐。

使用复印机、传真机、打印机等公用设备时应注意礼让，切忌霸道或目无尊长。

爱护公物，注意洗手间卫生。

2. 办公室接待与沟通礼仪。

办公室的接待一般分几种情况：自身负责的业务或客户来访；接待拜访同事的客人；接待上级机关或其他来访客人。不同的对象其接待要求肯定不一样，但就一般而言，其基本的礼仪要求如下：

迎客问好，面带微笑，礼貌地问明来意。

引导或示意客人就座，及时为客人端茶倒水。

能处理的事务应尽可能快的为其处理，确有难度暂时不能立即处理或解决不了的应表示抱歉，尽量求得对方谅解。切忌在办公场所与客人发生争吵或谩骂等不文明行为。

如遇客人数量众多或客人情绪激动时，应尽量引导客人去会议室、接待室或其他影响较小的地方，以尽量减小对其他同事的干扰。

接待同事的客人应及时通知同事，问明处理方略，不要自作主张。

客人告辞时应送出门口或电梯口，并握手告别。

办公室里的沟通也是五花八门：有同事之间的协作沟通，与客户之间的业务沟通，与来访者的各类咨询式沟通，与上下级之间的任务下达、请示或汇报等沟通。在办公室里进行的各种沟通通常具有三大最基本的要求:一是简短，直奔主题，简单扼要，切不可东拉西扯，长篇大论，耽误时间。二是最大限度地避免影响他人办公，故说话要尽量小声，沟通者要尽量靠近，不可远距离大声叫嚷，干扰他人。三是尽量避免情绪流露，办公室里最重要的是“公事公办”，所以，无论是积极还是消极，都不宜情绪外露，否则，容易引起纠纷或猜疑。

3. 行政公务处理规范。

公务处理必须遵循几大基本原则：一是严格遵守规章制度；二是切忌越权或“越俎代庖”;三是尽职尽责,切忌敷衍塞责或相互推诿。

从公务处理的礼仪内容来说，侧重于两大方面：一是行政公文的格式礼仪规范；另一个是公务办理的流程规范。

行政公文礼仪，泛指各级行政部门或机关在撰写、行文和办理公文时应当遵守的规范和惯例。在我国，国务院办公厅颁布的《国家行政机关公文处理办法》是各单位公文礼仪应遵循的标准和基础。因此，遵守公文礼仪既是国家公务员的基本职责和基本素养，也是职场人士遵守行政规章、请示和报告工作、配合各级行政管理、交流情况和反映诉求的重要工具和要求，借此可以表现各级组织和个人的良好风范与管理水准。

公文的基本要求是:格式规范、文通句顺、语气谦恭、言简意赅、不留隐患。

公文行文的基本规则是：

★行文要精简，除必须存档和备案需要外，一般性事务能通过电话或面谈解决的尽量不要行文，以免浪费。

★公文内容要翔实准确，切忌虚假和隐匿。

★公文称谓要规范，要体现礼貌和尊重，切忌过于随意或违反常规。

★除特殊情况外一般不要越级行文，以免使主管方陷于被动。

★严格遵守行文的常规和处理程序，如签收、签发、会签、传阅、批转等，切忌自作主张。

★在我国，除会议纪要外，正式公文均要用印章方为有效。且印章应与发文名义相符。

★用印前应履行批准签发手续，但签发的文书不要用印，用印后要正式登记。

★公文印章应盖在成文日期或单位名称上，不压正文。

★需要领导亲笔签署的公文，一般不用印，领导人职务和签署日期一般先标印好。签署公文的权限仅限于正职领导或代理正职，副职一般无权签发公文。

★公文在正式定稿前一般应经过相关领导会签或草签，不可随意发出。

任何一个规范管理的单位都必须有明确的公文行文制度，包括公文的收、发程序、归档要求、登记制度、用印制度、审批签发制度等。

一般的收文处理程序为：签收—收文登记—启封（按密级和授权）—审核—分送—拟办—批办—传阅—承办—催办—查办—办结。

一般的发文处理程序为：领导交拟—拟稿—会商—审核—修改—审定—签发—注发（批注公文数量、密级等印发要求）—打印和校对—用印和签署—归档和发文登记—装封和传递。

由此可见，一份公文的制作和收发必须遵循严格的规范，否则，其权威性和严肃性就无法保障。任何一个白领，尽管你不是专门的办公室文员，但你必须对公文的行文制度有基本了解，否则，就难免在工作中犯错。尤其值得指出的是：绝大多数公文离不开用印，而印章是一种权力和责任的象征，故用印必须严格遵守单位的印章管理规程，否则，就可能引发法律责任甚至违法。

公务处理无疑会涉及权限和职责，因此，严格遵守公务处理流程是职业素养的基本体现。任何一个办事很随意的人都不能称为合格的职业人士。严格按程序办事和灵活处理与应对不同情况不能混为一谈。处理事务的方式方法可以灵活多变，但公务处理的程序是绝不能灵活多变的。否则，就会导致无章可循。

二、会务组织礼仪规范与禁忌

会议，是为了解决某个或多个问题聚集在一起进行的讨论、沟通和交流，以便做出决策的群体活动。大致可分为政务会议、商务会议、学术会议等几大类。会议一般要有明确的主题、既定的程式，特定的参与者等，以此区别于沙龙、集会、俱乐部等形式的群体活动。一个企业，经常会举行各式各样的会议，如董事会、股东会、经理层办公例会、商品展销会、项目推介会、新闻发布会、座谈会、总结表彰会，等等。会务组织和参会是职业场合经常会遇到的基本工作内容之一。

会议主题内容不同，参会者的身份不同、会议要达到的目标和效果就不同，则会务组织的规格和档次就会有区别，会务的礼仪规范和要求也就会有所不同。

1. 会务组织礼仪规范。

组织一次专门的大型会议，其难度丝毫不亚于组织一次盛大的庆典仪式。会议的主题、会议的规模、会议议程、会务接待、会务资料准备等等都需要按一定的程序和规则处理，大多需要经过专门的筹备和领导审批等环节确定。其重要的步骤大致如下：

○召开筹备会议或预备会议，以决定会议的规模、时间、议程及相关筹备事项的分工等。

○拟发会议通知。明确告知与会者会议的主题、会期、出席对象、开会时间、报到地点、与会要求等事项。会议通知一般应提前下发，以便与会者做出相应的准备和安排。

○起草会议文件。一般包括会议议程、开幕词、闭幕词、主题报告、大会决议、典型材料、表决事项文件、会议纪要等。

○会务准备。包括会场布置、会议用品准备、会场排座、外部公关等，如新闻报道、嘉宾邀请、会务接待、会务安全和交通、食宿和纪念品准备等。

○会务接待。接站、接机和迎送人员安排、会务现场引导、贵宾陪同人员安排、会务现场签到及服务人员安排等，必须周到细致。

○会议资料发放及大会发言安排，大会秘书处或筹备组必须事先确定人选、次序和现场控制好时间进程。

○做好现场记录，包括录音、录像和整理现场记录等。如果有现场表决事项，还需记录出席人数、讨论事项、表决结果及相关意见和建议等，力求完整、准确、清晰、扼要。

○修改和通过会议纪要、与会者合影留念等。

○协助与会者返程。提供订票、送行等返程服务。

○会后信息反馈服务。如寄发会议文件、编写会议简报、会议决议事项处理结果及相关情况通报等。

大型常规性会议基本要包括上述全部内容，小型会议可能只包括其中部分内容。由此可见，大型会务组织是一件工作量非常大的事，其中的许多细节非常繁杂。

会务组织礼仪主要涉及排位礼仪和接待礼仪，其中排位礼仪与会务组织形式有关，不同的组织形式，其排位礼仪规范不同。

会议的座位格局分为上下相对式、全围式、半围式、分散式、并列式五种类型。

第一种是上下相对式。突出主席台的地位，会场中主席台和其他与会者采取上下面对面的方式，会场庄重而严肃，适合于人数较多的报告会、总结表彰会、代表大会、股东大会、经验交流会、新闻发布会等。参见下面示意图。

上下相对式会场示意图

第二种是全围式。俗称圆桌会议。不设主席台，会议主持者与其他参会者围坐在一起，体现平等和相互尊重的精神，容易形成融洽、亲切的气氛。会议主持者也便于观察与会者的表情和心理动态，容易掌控会议进程。比较适合于小型董事会、监事会、行政办公例会、座谈会、项目洽谈会等。

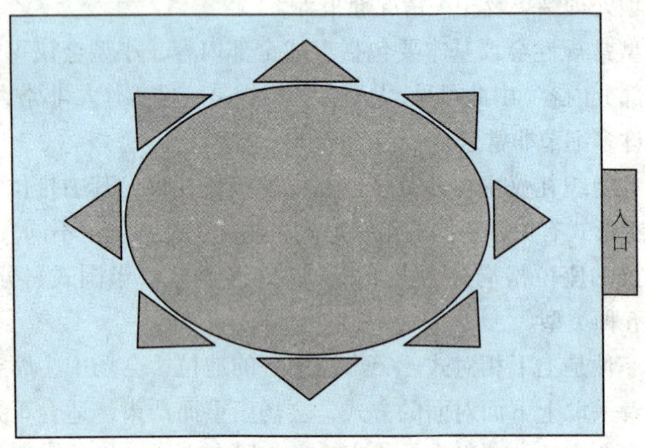

全围式会场示意图

第三种是半围式。主席台的正面和两侧安排与会代表坐席，形成方形的半围形状，既突出主席台的地位，又增加紧密型的融洽气氛，比较适用于中小型工作会议、项目推介会、股东会等。

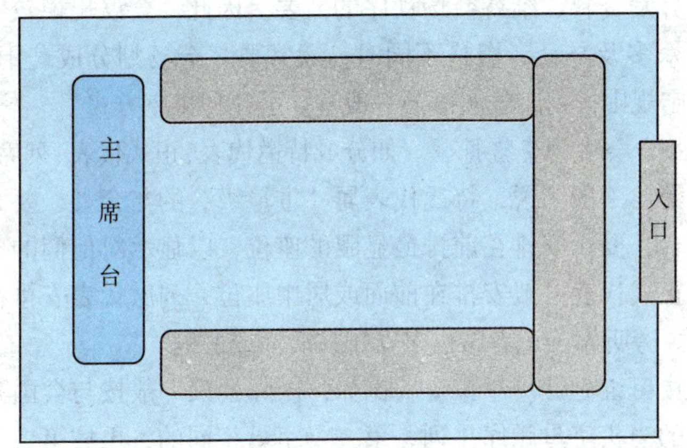

半围式会场示意图

第四种是分散式。将会场座位分成若干个会议桌，与会者根据一定的规则安排就座，可以设主桌也可以不设主桌，会场形成多个谈话、交流中心，气氛自由、轻松、和谐。比较适合于茶话会、联欢会、联谊会、市场调研座谈会、团拜会、商品展示或推介会等。

第五种是并列式。座位呈双列纵向或横向并列格局，主谈者或职位较高者坐正中，比较适合于小型洽谈会、汇报会、听证会等。

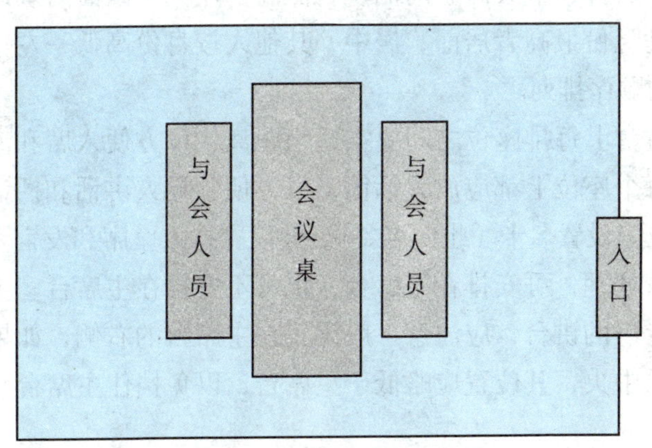

并列式会议示意图

会场排座，既是重要程度和职位高低的体现，也是便于磋商、讨论、分发资料、维持会场秩序的需要。因此，会议规模较大、参加人数众多及与会者资格不同时，通常要将会场划分成若干座区，再按一定规则排列座位次序。一般有如下几种排座方式：

○按与会者的资格排座。如分成特邀代表、正式代表、列席代表、旁听席等。一般来说，特邀代表属“重量级”的与会者，要么安排在主席台，要么安排在前排最显眼的座位，以显示对他们的尊重和欢迎。正式代表一般安排在前面或居中座位，列席代表安排在后面或两侧。旁听席、记者席也多安排在后面或两侧。

○按团组先后次序排座。比如，国际会议一般按与会国家的英文名称的当头字母顺序排列，第一个字母相同的，再按第二个字母顺序确定，以此次推。国内会议可以按单位、地区、行业等规则排座，可以横向排列，也可以纵向排列。

○同一座区内再按一定规则排定座次顺序，可以按职位高低排、按姓氏笔画多少排，或按其他规则排。

不管按什么规则排座，只要排座，会场就应该设置座位标示牌，以便与会者依次就座。会场门口还应设置指示牌，指明座区的方向和方位。

主席台的座次排定是排座礼仪中最为重要的一环。基本规则是：前排高于后排、中央高于两侧、右侧高于左侧（以面向观众为准）。故一般是身份最高者居前、居中，其他人按身份高低一左一右、先右后左的顺序排列。

主席台上每排座位之间要空适当距离，以方便入席和离席，一般前排每个座位上都应放置话筒，以方便领导人讲话和插话。主席台的座位应设置名卡（也叫名签）。会议主持人座席和发言者的座席可以酌情处理，可安排在主席台，也可不安排在主席台。主席台如果设置专门的讲台，应注意一般设置在主席台的右侧，如果设置在主席台的中央，其位置应略低于主席台，以免挡住主席台领导人的视线。

会务组织的接待与服务工作中，周到、细致是十分重要的。

迎接、食宿安排、送别等每一个环节都要尽量周到、细致，既要平等地以礼相待，又不能机械地“一视同仁”。很多时候需要区别不同情况，灵活处理与安排。每一个参与迎送工作的工作人员必须熟悉职责，应仔细了解迎送对象的相关情况，如来访人数、来访对象、来宾职务、接待规格、到达日期等关键信息应熟悉掌握。且安排食、宿要细心，应根据来宾的民族、居住区域等情况尽量安排适宜的就餐、住宿地点。尤其对于来宾的饮食禁忌要特别留意和礼貌问询，以免引起误会。一般应根据来宾身份和本单位的情况制定接待规格。一般例行性来宾，安排好会面的时间、地点、相关资料即可；首次会晤的宾客或应邀来访的宾客，应安排专人迎接，如到机场等地举牌迎接；如果是级别较高的来宾，迎接人员要陪同本单位的高层领导一同前往迎接。并要酌情安排宾客休息。如果是近距离来客，可在本单位的接待室稍事休息；如是远道而来的客人，要先安排住宿后再商议会务议程等安排。接待人员应留下自己的名片等联系方法以备来宾联系。对职位较高的来宾，当日或次日，一般还应安排与来宾身份相当的领导前往来宾下榻处看望。作为会议主办方应及时掌握来宾的要求、目的，及时为宾客提供资料，甚至制定参观路线和游览日程等。故应随时准备接受客人的咨询，且应注意对来宾信息的保密。会后，送行宾客应注意安排好交通工具，知道宾客的离程时间后，要预定车票，安排送行人员和车辆等，做到善始善终。

2. 参会礼仪规范。

会议主持人通常是会议的核心成员或重要角色，不仅应仪表端庄、仪态得体、语言规范、精神饱满，而且要善于调控会议气氛和掌控会议进程。避免会议“跑题”或议而不决、效率低下的事情发生。

会议发言者应围绕会议主题进行，切忌临场发挥，漫无边际、东拉西扯，或是只顾低头念稿，语言平淡，精神低落等。发言要尽量言简意赅，切忌马拉松式地只顾自己滔滔不绝，不给别人发言的机会。大会发言完毕要注意向听众致谢，切忌念完走人，显得不懂礼貌。

一般与会人员应注意如下几点基本礼仪：

着装规范、整洁，仪表庄重、仪态得体。

按时到会、不迟到、不早退。

严格遵守会场秩序。包括依次入场、按要求就座、保持安静、不随意走动、不吃零食、不交头接耳、不使用手机和MP3、MP4等。

专心听讲、认真记录，并适时用眼神、点头、掌声等回应发言人的讲话。

自始至终保持精神饱满，切忌打瞌睡、讨论时沉默不语、态度消极等。

发言时注意语言文明，切忌废话连篇或发言超时。

三、公务拜访礼仪规范与禁忌

1. 公务拜访礼仪规范。

公务拜访是职场人士联系业务、沟通感情、客户回访或市场调查等的重要方式。因此，熟悉拜访礼仪是基本的职业素养要求。公务拜访大多是在公务场合进行，故礼仪规范要求与私人拜访略有不同，比较注重职业形象、专业素养和随机应变能力。所以，拜访者应侧重如下三个方面：

首先，要做好拜访前的充分准备。一要明确拜访的目的和任务。公务拜访不同于闲得无聊找朋友聚会打发时间，拜访前应想好拜访的目的、访谈要点、问题、方式和任务，以便提高拜访效率，达到预期效果，避免无功而返。二要精心做好形象准备。包括着装是否合适拜访场合、妆容是否大方得体、情绪是否稳定、仪表是否端庄和整洁，头发、指甲、纽扣、拉链等是否处置得当。一般说来，去对方办公室拜访，男士最好穿西装系领带，女士最好化淡妆，穿套装，以示庄重。三要尽可能带齐所需资料。备齐资料有利于提高拜访成功率，也可以随时通过资料介绍来缓解谈话中断的尴尬和避免言多必失的困惑。四要做好访谈所需样品、赠品、礼品及信息记录等物质准备。

其次，注意访谈过程控制及礼仪修养。拜访过程的重点是访谈和沟通，因此，设法控制好谈话的方式、气氛、进程和走向是提高拜访成功率的关键。这既取决于拜访的经验和技巧，也取决于双方的关系和现场气氛。一般说来，拜访者应注意如下礼仪要点：

○按约定时间准时或稍微提前到达会面地点。如果因为特殊情况不能准时到达，至少应提前 15 分钟告知对方不能准时的原因，并对到达的准确时间做出预测。实在无法提前通知而迟到时，应当诚意地道歉，并询问自己的过失是否会影响对方的计划以及如何进行补救等。不要不道歉反而急于摆出一大堆理由为自己作解释，这样容易引起对方反感。预约好了拜访时间也不可到达太早，否则很可能对方还没有处理完其他事情，这样你对他（她）便构成了干扰，同样也是失礼的。拜访外国人时，切勿未经约定便不邀而至，并尽量避免前往其私人居所进行拜访。

○拜访过程要注重礼仪。比如进出大门时如果服务员或接待员向您问候，您也应当有所表示，不可视而不见，不理不睬。要严格遵守对方的有关规章制度，比如不在禁烟处吸烟等。如果约见地点设有前台接待，那么到达后应该主动告诉接待员你的名字、拜访对象的名字和约见的时间，并递上你的名片以便接待员能通知对方。

○如果接待者因故不能马上接待，可以在接待人员的安排下，在会客厅、会议室或在前台安静地等候。不要通过谈话来消磨时间，这样会打扰别人工作。如果接待人员没有说“请随便参观参观”之类的话，那么就不要随意地东张西望，也不要伸着脖子好奇地往各个房间里“窥探”。

○如果等待时间过久，可以向有关人员征询原因，或告知另定时间，不要显现出不耐烦的样子，更不能对接待员发脾气。

○进门之前要先敲门。敲门以三下为宜，声音有节奏但不要过重。敲过三下之后，静待回音。如无应声，可稍加力度再敲三下，如有应声，则侧身立于右门框一侧，待门开时再向前迈半步，与主人相对。即使对方办公室的门虚掩着或开着，只要对方没有看见站在门口的你，那么就应当先敲门，得到主人的允许才能进入。敲门的意思是询问主人“我可以进来吗”，也可以表示敲门者正在礼貌地通知对方“我要进来了”。如果对方的门外安装了门铃，那么就应该礼貌地按门铃。先轻轻地按一下，隔一会儿再按一下。千万别性急，“叮叮当当”乱按一气，会让室内的人产生烦躁的感觉。

○主人没说“请坐”不能随便入座，要等主人安排后再入座。如果主人是年长者或上级，主人不坐，客人不能先坐。主人让座之后，要说“谢谢”，然后采用正式的坐姿坐下。主人递茶要双手接过并表示谢意。如果主人没有吸烟的习惯，要克制自己的烟瘾，尽量不吸，以示对主人习惯的尊重。主人奉上果品，要等年长者或其他客人动手后再取用。后来的客人到达时，先到的客人应该站起来，等待介绍。

○遇到与接待者的意见不一致时，可以礼貌地解释但不要争论不休。对接待人员提供的帮助要礼貌地致以谢意。

○公务拜访一般都是业务性拜访，应当掌控时间，适时告辞，不要因为自己停留的时间过长而打乱对方既定的其他日程安排，影响对方工作。与对方交谈时如果对方频频看表，就表示对方想终止这次会谈，应当主动起身告辞，这样能够给对方留下良好的印象。一次有位经理想结束会谈，故意问客人：“几点了？”这位客人没有听懂经理的言外之意，反而老老实实地回答“六点了。”弄得经理很尴尬。有些重要的拜访，往往需由宾主双方提前议定拜访的时间和长度。在这种情况下，务必要严守约定，绝不能单方面延长拜访时间。自己适时提出告辞时，尽管主人可能表示挽留，但仍然应当执意离去，同时向对方道谢，并请主人留步，不必远送。在拜访期间，若遇到其他重要的客人来访，也应知趣地告退。

最后，拜访结束应礼貌地告辞和致谢。拜访时间一般不宜过长，初次拜访控制在半小时以内为宜，重访一般也应控制在一小时以内为宜。懂得适时告辞是公务拜访很重要的礼节。但要注意如下几点：

一般不应选择在主人说完一段话或某件事后立即提出告辞，那样做可能会引起主人误会，以为你对他的话或谈及的事不满或不耐烦。

告辞时要同主人和其他客人一一告别，并使用“打扰您了”、“谢谢”、“再见”等礼貌用语。

如果需要再次拜访，可以在结束此次拜访时，约定下次拜访的内容和时间。

拜访结束之后，对于拜访过程中发现的问题，应当尽早向上司汇报，以便及时解决。

对对方的热情接待，拜访之后要在适当的时间以适当的方式向对方表示感谢或邀请对方回访。

2. 公务接待礼仪规范。

接待是指单位或个人以主人的身份招待有关人员，以达到某种目的的社交行为。接待有多种类型和规格，比如：公务接待、商务接待、外事接待、亲友接待、会务接待、客户接待、投诉或上访接待等。无论是哪种接待，都希望来访者乘兴而来，满意而归。因此，接待过程中应遵循热情、平等、礼貌和友善的基本原则。无论单位大小、职别高低、都应讲究一视同仁，以礼相待，热情周到，以表达主人的诚意和友善。公务接待一般应经历邀约、准备、迎客、待客、送客等几个基本过程，每一过程或环节都应把握基本的礼仪规则。

邀约的基本方式有电话邀约、书信邀约、请柬、其他邀约等。邀约礼仪主要体现在以下几方面：即邀约措辞要礼貌、行文要规范、形式要恰当。邀约既是一种礼节，也是方便客人起提醒和备忘之用。一般说来，信函或请柬邀约比较正式，其他方式的邀约显得比较随意。如果是邀请职位较高的领导或知名人士作为主宾或贵宾，一般应单独发出邀请函或提前发出请柬。邀约一般应提前，以方便客人及早作出安排。比较重要的邀约函或请柬发出后，应再用电话等进一步确认邀请函收到与否及询问核实出席情况，以便作出相应调整和准备。

接待宾客总体上应恪守“相互尊重、平等相待、礼待宾客、主随客便”等基本要求。但在接待不同身份的宾客时，其工作重心和礼节侧重点自然会不同。比如，接待国家级元首等贵宾需特别注重安全保卫，而接待少数民族或宗教界朋友则需特别尊重对方的风俗习惯和行为禁忌，接待外宾则需高度重视外事活动规则等。尤其是由谁迎接、由谁陪同、由谁访谈、采取何种规格接待等须慎重选择。

迎来送往，看似简单，其实其中隐含着许多讲究。归纳起来大致有如下礼仪要点：

一是迎客身份要恰当，如果相应身份的主人不能前往迎接，前去迎接的人应向客人作出礼貌解释，以免误会；

二是提前恭候客人，尤其是接站、接机等，主人迟到对客人是很不礼貌的；

三是应热情主动地问候客人和作自我介绍，“您好！”或“欢迎光临”、“一路辛苦了”等；

四是要主动代劳，尤其是遇到老人和病患者，应在征得同意后给予搀扶等特殊照顾；

五是要特别注意迎接客人的乘车礼仪。

六是为客人开启车门时一般要用手挡住车门上方为客人护顶，并提醒客人注意别碰头（如果是佛教界客人则不能去护顶）。

七是礼貌地给客人以引导，方便其入住、入座或会见主人等。

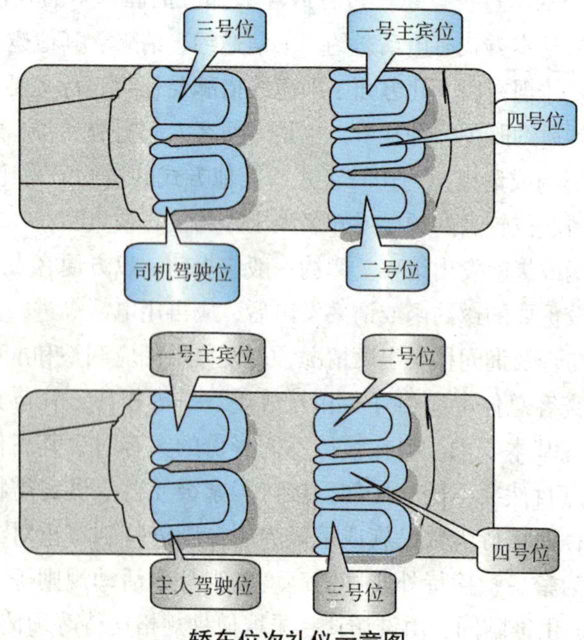

轿车位次礼仪示意图

接待客人，需要注意“以右为尊”的基本的排位礼仪，参见如下示意图。客人到来时主人应尽快让其人室就座，把客人挡在门口聊个没完，等于暗示对方你不受欢迎或你来的不是时候。客人进屋时，室内的主人应起身让座，并请客人先行入座主人才能入座，以示对客人的敬重。客人来了，室内的主人不起身、不让座、不理不睬、不打招呼、不示意欢迎等都是对客人的不尊重。

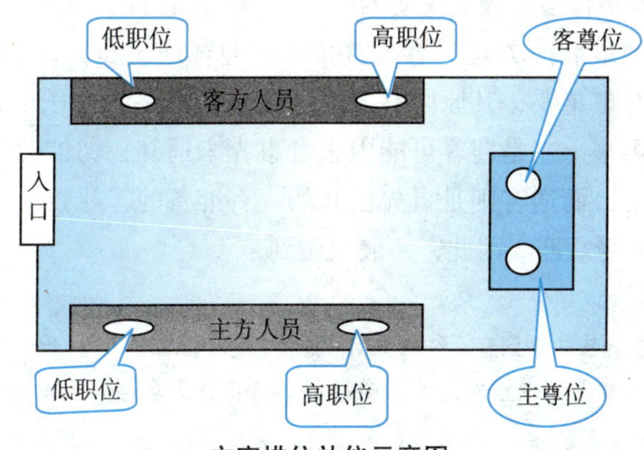

主客排位礼仪示意图

在商务接待中，一般应注意如下礼仪细节的禁忌：

○来访者无论身份、目的如何，均应热情接待，切忌让客人坐“冷板凳”，或是以貌取人，冷热有别，甚至言辞不周，往往会引起客人的极其不满。

○客人来访，主人应当起身主动握手，表示欢迎，切忌言行冷淡。

○接待过程中，要耐心倾听客人的谈话，切忌边干别的事边听客人谈话，那是对对方的一种暗示：“我很忙，你来得不是时候！”否则，便是对客人的无礼和怠慢。

○接待客人时，切忌不停地接听电话，否则，很失礼。尤其是会见重要的客人，手机应调至震动或告诉秘书不要让电话打扰。实在有必要接听电话时，应先向客人说声“对不起”，在得到客人谅解后再接听。

○在与客人交谈的过程中，切忌随意打断客人的谈话，更不要随意驳斥对方，也不要轻易许诺。要懂得克制情绪，委婉地表达自己的意见。

○接待中若客人的要求使你为难，切忌生硬地拒绝，应含蓄地暗示自己无法做到，请求对方谅解。尤其要注意你的态度和回应方式，切忌让对方误以为你是轻视他或有能力而不愿意帮助他。否则，会加重客人的不满情绪。在商务实践中，接待客户投诉、服务请求等情况中，避免误会是极其重要的。

接待的最后一关是送客。常言道：迎客迎三步，送客送七步。送客比迎客更重要，其原因有二：一是给客人留下美好回忆，表示欢迎下次再来；二是迎客可能因来者事先未通知，匆忙迎接，礼数不周很正常，而送客则是事先已知的，有准备的，礼数不周则暗示着来者不太受欢迎。因此，一般应做到：

主人应主动到客人驻地送别，握手致意、亲切送别；

送客者应送到大门外、电梯口，甚至送上车待客人远离视线再离开；

要注意提醒客人是否有物品遗漏；

远道而来的访客要注意提醒或告诉其相关路线，表达关切之情；

注意礼貌道别，“欢迎常来”、“一路平安”等。

送客的基本行为规范

送客地点	行为规范
将客人送至办公室门口	宜说声“对不起，失陪”，然后目送客人离开
将客人送至电梯门口	宜替客人摁电梯，握手或致意道别，且目送至电梯门关闭为止

将客人送至公司门口	宜握手道别，行招手礼，等客人走远后再返回
将客人送至门外的车旁	宜替客人开车门，行招手礼，且目送客人走远后再返回
将客人送至车站、机场	宜逐一握手道别，等待客人上车或过安检后，目送客人直至看不见客人再返回

随着对外交往的增多，公务接待中越来越多地要面对外宾接待等礼仪问题。与内宾接待相比，多数礼仪要求是相同的，但毕竟外宾接待属于外事活动，涉及许多国际交往惯例和文化差异等问题，因此，必须格外小心和谨慎。

第一，事先要了解外宾的身份及相关特征信息（如职务、年龄、国别、宗教信仰等），以便安排身份相当的人员前去机场或其他指定地点迎接。身份对等是接待外宾的基本礼节之一。

第二，见面时翻译要先向对方介绍我方主要人员的姓名和职务，然后，我方主要人员要面带微笑地主动伸手与对方握手。

第三，陪同客人时要注意礼宾次序。一般要请客人走在主人的右边，主陪人员要和客人并排走，不宜落在后面。其他陪同人员应走在主陪和客人的身后，不宜走在前面。

第四，上车时要请客人先上，打开车门，并用手示意，等客人坐稳后再上。一般应请客人坐在后排座的右侧，主陪坐在左侧。上车时一般不要从同一车门随后而入，而要关好车门后再从另一侧车门进入。下车时，应先下车为客人打开车门，请客人下车。然后引路。

第五，会面时，一般外宾居右，主人在左。主宾在主人右侧的第一个位置，翻译人员多安排在主谈人的后面或左侧。会谈时，如果使用长方桌，则一般是面朝门的一方为上方，背朝门的一方为下方。

应安排客人坐在上方，我方坐在下方。双方主谈人员分别坐在一方的中间。

第六，应依据外宾的生活习惯安排好食宿事宜，不宜按中国人的习惯作想当然的安排。如果无法事先确知客人的饮食禁忌等习俗，可以直接征询对方意愿。

第七，客人离开时应派身份相当的人员前往送行地点，在机场等送行地点如果有外国工作人员同时送行，离开时应与对方告别，并让外籍人士的车先行离开，以示礼让。

四、公务馈赠礼仪规范与禁忌

馈赠，是人际交往中一种表达友情、祝福、敬重和感恩的普遍形式，公务交往中不可避免。如果馈赠得当，人们可以从礼品中体味到情谊、关怀和友好交往的快乐，但如果馈赠的方法不当、时机不对、礼品不妥，则可能事与愿违。因此，馈赠作为一种礼仪文化，有其约定俗成的许多规矩，送什么、送给谁、怎么送等等都很有学问，不可随便，更不可根据自身的喜好来“随心所欲。”

馈赠礼品都有一定的目的，根据不同的目的选择不同的礼品，这是馈赠的基本常识。比如：纪念性礼品——通常具有特殊的纪念意义和标识，不在于价值高低。祝福或祝贺性礼品——通常需具有较强的针对性，注重内涵和诚意；慰问性礼品——通常是针对受礼对象喜好或有实际应用价值的商品；感恩或酬谢性礼品——通常要依据对象和事项的重要性程度来选择礼品，比较注重诚意、品位和价值。总之，在赠送礼品之前，应当明确赠礼性质，只有对此心中有数，才能选购到合适的礼品。如果馈赠的目的和性质模糊不清，往往事到临头，才急匆匆地跑去随便买件礼物，应付了事，不仅可能“瞎子点灯白费蜡”，甚至可能起反作用，到头来“好心办成了坏事”。

企业、组织之间赠送贺礼，宜选择具有鲜明特色、突出标志、制作精美并能使受赠者经常看得见的东西作为礼品。如花瓶、精美艺术品、横匾等。这些东西可以放在经理室中作装饰，每当看到这些东西，自然而然联想起送礼人，这样一定会增进双方的感情。在与外商打交道时，选择礼品最好是有浓厚的地方文化色彩和富有纪念意义的物品，或者在其国家特别受欢迎的礼品，如中国的手工艺品、上等茶叶、字画、瓷器、土特产、丝绸等，都是外国朋友所喜爱的。对于来华的外籍人士，送一些介绍中国历史、文化名胜方面的图书画册，也会受到欢迎。

当然，赠礼时机和场合也非常重要。通常情况下，在生活和工作中遇到了困难，得到了别人的大力帮助时，应赠礼以表示真诚感谢；当收到别人的馈赠时，应选择价值相当或超过赠品的礼物在适当的时候予以回赠；当对方举行周年纪念、开业典礼等典礼仪式时，作为合作伙伴，应送上一份礼物，以示道贺。如此种种，均可视为适时。初次在办公室或公开场合见面，就送上一份重礼，会有行贿之嫌；而在大庭广众面前，赠送贵重的礼品，易招来非议；一般在公务场合宜送大方、体面、高雅的礼品，如书籍、纪念徽章、花束等，才是上乘的选择。尤其值得强调的是，如果公关活动中的赠礼，对方的政策不允许接受礼物，就应当避免送礼。否则，不仅是不懂礼节，而且会危害和客人的友谊，使他处于不利的被动境地，甚至会引起对方组织对他的疑惑。

精美的礼品包装包含着赠送者的精心和诚意，包装后的礼品无疑可以使受赠者感受到自己所受到的重视。美观的礼品包装有时比礼物本身更能给人美的印象。在国外，人们用于礼品包装的花费往往要等同甚至超出赠送礼物的价值。一般情况下，礼品上如果有价格标签时，必须事先拿掉。有时不妨在礼品上附一张小小的签名片，这不仅可以增加赠礼者的诚意，也可避免受礼者接受多人礼品时搞不清楚是谁送的礼。如系托人转送礼品或是邮寄礼品，应亲笔撰写一份致辞，或以自己的名片加以短句来代替。

馈赠礼品的目的在于强化沟通和增进友谊，它不仅仅是一种形式，更为重要的是要体现和展示馈赠者的诚意和品位。礼送得好，方法得当，会皆大欢喜。反之，礼送得不好，受礼者不愿接受或严词拒绝，或委婉推却，或事后退回，都会令送礼者很尴尬。钱已花，情未结，甚至在双方的心灵深处留下阴影。所以，馈赠礼品最低要求是不犯忌。

禁忌，作为一种作用极大的心理和精神倾向，对人的影响往往非常强烈。馈赠，作为一种非语言的重要交际活动，礼载于物，以物传情。因此，必须把握“投其所好，避免禁忌”的基本原则。馈赠的礼品恰似送礼者的无声使者，如果恰当、得体，就可起到“无声胜有声”的作用。反之，如果犯忌，就可能“赔了夫人又折兵”。

礼品馈赠的禁忌大致可分为几大类：

○法律禁忌。包括政府和各级组织明令禁止的东西不能作为礼品赠送。比如，涉及国家机密和企业商业机密的物品、涉毒或涉黄的物品、盗版或侵权的物品、假冒伪劣商品、国家保护文物、保护动物，以及现金和有价证券等均不宜作为礼品赠送。否则，送礼和受礼双方都可能因触犯法规而犯罪。

○民俗禁忌。由于地域文化和民俗习惯不同，有些物品可能被视为“不祥之兆”，不宜作为礼品赠送。比如，白族赠送礼品的数目必须带“六”字，佤族部落间交战常以送给对方辣椒表示对其宣战，而复仇则以鸡蛋作为警告信号。所以，辣椒和鸡蛋不能作为送给佤族人的礼品。我国的汉民族，寿诞忌讳送“钟”、婚礼忌讳送“伞”或送“梨”，因为“送钟”与“送终”、“伞”与“散”、“梨”与“离”谐音，很不吉利。这类民俗几乎每地都有不同的禁忌，送礼时必须高度重视。

○数字禁忌。几乎大多数国家都有某种数字禁忌，似乎这与该国的语言发音或某些特殊事件的发生日期有关。比如，我国人民有“好事成双”、“祸不单行”的说法，故喜庆活动送花或其他礼品喜欢成双数，而丧葬礼品如送花等最好是单数。我国粤语地区，包括港、澳、台地区及许多海外侨民，因“4”与“死”同音，很忌讳数字“4”。甚至连车牌、房号、楼层都尽量避免“4”。在欧美等西方国家，普遍忌讳数字“13”，楼层、房号、航班和影剧院座位等大都没有“13”

这个号，而以“12A”来替代。由此可见，数字禁忌的重视程度。

○颜色禁忌。许多国家都有特殊颜色的偏好。中国人认为红色代表吉利，喜事均用红色。而黑色代表凶灾和哀丧、白色代表悲哀和贫乏，故丧葬礼仪多用黑色和白色。而西方人则多视白色为纯洁、吉祥，故婚纱大多是白色。印度人不喜欢白色、日本人忌讳绿色、巴西人忌讳紫色、埃及人忌讳蓝色、泰国人忌讳褐色、法国人忌讳黄色，如此等等，不一而足。

○图案禁忌。英国人把大象视为愚笨的象征，视孔雀为淫鸟、祸鸟，山羊在英语里是不正经男子的代号，故英国人忌有大象、孔雀和山羊图案的物品。法国人视仙鹤为蠢汉和淫妇的代称，故忌讳仙鹤图案。美国人忌蝙蝠作图案的商品和包装，因为他们认为这种动物吸人血，是凶神的象征。马来人、泰国人、利比亚人忌讳狗的图案，瑞士人忌讳猫头鹰图案，认为那是“死人的象征”。

○物品禁忌。比如，在中国台湾的民俗中，办丧事常以毛巾送给吊丧者，故非丧事一律不能送毛巾。在香港地区，送剪刀含有“一刀两断”之意。给商人老板送花时，切忌送茉莉或梅花，因为“茉莉”与“没利”谐音，“梅”与“霉”谐音，很不吉利，让人生厌。如果你去医院看望病人，千万别送“剑兰”或“寿司”，因为病人最担心“见难”、“守死”。上海话的“苹果”与“病故”谐音，故在上海苹果不宜作为送给病人的礼物。荷兰人不能送食品，波兰人除了爱人、情人，不能给其他异性送红玫瑰。对拉丁美洲人，任何时候都不要送手绢，因为手绢通常与眼泪和悲伤联系在一起，视为不吉利。此外，假烟、假酒、低级庸俗的书刊等对人的健康有害或对人的精神有害的物品也不宜作为礼品赠送。

○宗教禁忌。向虔诚的佛教、印度教、天主教、基督教、伊斯兰教徒赠礼时，应谨守他们的宗教禁忌，切忌随意触犯其教规，否则，不仅失礼而且可能惹麻烦。因此，如果你不清楚对方的宗教信仰，最好不要送酒、肉类熟食之类的礼品。

○涉外禁忌。送给外国人的礼品除上述禁忌外，还有一些特殊的禁忌，有的属于涉外礼仪规则，也有的属于政治或民族尊严等问题。尤其应侧重注意如下几点：

第一，选择礼品不要涉及宗教与政治方面的问题。比如，你将国家领导人选集或文选等送给人家，就可能怀疑你有政治渗透的倾向。

第二，药品、补品、保健品不宜作为涉外礼品。个人健康属于“绝对隐私”，局外人不宜干预其中。

第三，广告性、宣传性物品、带有公司或本单位明显标志的物品不宜作为涉外礼品。因为存在有意利用对方，缺乏馈赠诚意的嫌疑。

第四，涉及国家机密、行业商业机密、知识产权机密等的物品不可作为涉外礼品。比如，内部文件、数据图表、技术图纸、产品标准、发明专利等都不宜作涉外赠送。这类有关国家安全和保密意识的物品，不光是礼仪问题，稍不留神就涉及触犯法律的问题。

第五，以珍稀动物皮毛为原料制作的商品不宜作为涉外礼品赠送。

第六，现金、有价证券、贵重首饰、玉器、文物等价值超过一定限额的商品都不宜作为涉外礼品。因为，各国的涉外礼仪规则中都有严格的职业操守要求，接受贵重礼品带有受贿之嫌，有违反腐倡廉的国际准则。

第七，带有种族歧视或容易引起异性误会的物品不宜作为涉外礼品赠送。

此外，馈赠还有许许多多的应注意的事项，从某种意义上说，这些应注意的事项是公务活动中必须充分了解并严格遵守的，否则，本来可办成的事情可能不明不白地“黄”了。如果你不懂这些应注意的事项，事后你就不明白是哪里出了问题。因此，懂得馈赠的应注意的事项是职场人士必须把握的“游戏规则”。

社会上，馈赠究竟有哪些应注意的事项呢？归纳起来，大致可概括为如下几条：

1.“无功不受禄”。给人送礼，要有合情合理的名义和理由，否则，别人是不会收的。

2. 了解收礼人的品位。要知道送礼不是使自己高兴，而是要让收礼人开心。

3. 重礼忌生。对收礼人而言，不熟悉、不了解、不知根知底，一般不敢收重礼。馈赠重礼大都需要有感情基础，需要有收礼人信得过的人“搭桥”。

4. 送礼要送新。一是没有人喜欢“二手货”；二是送“二手货”是显得送礼的心不诚。

5. 精心挑选包装。礼品不同于自用，好的内容重要，好的形式更添彩。送礼原则是尽可能地选漂亮包装。

6. 收礼不留据。赠送礼物，如果要求收礼人出具收礼凭据，那谁也不愿收你的礼。如果要签名或留凭据，则成了酬劳，而不是礼物，收礼人是不会领情的，反而事与愿违。

7. 馈赠留名。送礼不留名，收礼者不知何人所为，既是失礼，且送礼也没有达到目的。

8. 撕掉礼物上的价签。许多商品都带有价签，买了这些商品送礼，首先要把价签撕掉，以免让收礼人产生误解，好像你还要求相应的回赠。这对送礼来说，就起相反的作用了。

✲职场行为礼仪实训练习

1. 假定小组成员是一个办公室的同事，每人说出自己最讨厌的3~5种行为。然后汇总归纳，对照礼仪要求进行讨论，从中总结归纳本办公室职员的“行为守则”。

2. 明日下午3点在公司办公大楼3楼会议室召开部门负责人会议，汇报并协调本周工作计划，不得请假或无故缺席，请拟通知。

3. 任意假设条件和情境，写一封人事身份证明函。

4. 员工集体宿舍照明系统老化急需更新改造，请代基建科拟一份“申请拨付维修资金50万元”的请示报告。

5. 假如明天你将拜访一名重要客户，试就自身的形象准备和资料准备等工作内容作出列示。

6. 假如你所在的单位拟组织一次“某产品发展趋势高峰论坛及展示会”，你作为活动筹备人员，请代拟一份邀请函发给相关单位。

7. 假定下周五下午 6 点你公司准备在凯旋门大酒店水晶厅举行成立 10 周年庆典酒会，请拟一份请柬草稿。

8. 试以寝室或小组为单位，分别对对方寝室或驻地进行拜访和接待的礼仪练习。

9. 任意假设情景，结队分别进行送礼和受礼的操作练习，并对照礼仪规则进行相互评判。

10. 分别以小组为单位，交替扮演主方和客方，反复假设不同情境下的接待和拜访礼仪。

附录一

礼仪规范常识自我测评题

说明：

本测试分三类题型：题目后面没有任何附加的为填空题，题目后面附有“（对，错）”的为判断选择题，题目后面附有 A、B、C、D 选项的为单项或多项选择题。每题 1 分，多选或少选的按比例计分或扣分。满分为 150 分。

一、日常称呼礼仪规范测试

1. 称呼的三种基本功能是______功能，______功能和______功能。

2. 中国的姓名称呼是姓在前、名在后，而西方的姓名称呼是______在前、______在后。

3. 一般说来，对他人应该用______称，称呼自己要用______称。

4. 按照礼仪规范，公众场合，一人称呼众人时，应该是______在前，______在后。

5. 从礼貌的角度看，晚辈对长辈可以直呼其名。（对或错）

6. 按照礼仪规范，下级对上级的称呼应该是“姓名+职衔”。（对或错）

7. 在进入别人家的时候，称呼主人家人的顺序是先长后幼或先女后男。（对或错）

8. 晚辈对长辈、下级对上级等避免使用“名+职务、职称”的称呼。（对或错）

9. 使用职务或职业性称呼，“副”职应尽量避免加在称呼内。（对

或错）

10. 按称呼礼仪规范，对男士慎用“小”，女士慎用“老”，以免误会或不敬。（对或错）

二、打招呼及握手礼仪规范测试

1. 长者与幼者握手时应由长者先伸手；男士与女士握手时应由男士先伸手。（对或错）

2. 社交场合的先至者与后来者握手，平辈之间应由先到者先伸手。（对或错）

3. 握手一般应把“决策权”交给“尊者”，如果是为了表示欢迎、慰问、祝贺或感谢时，无疑应该由主动意愿表示者先伸手。（对或错）

4. 公务场合握手顺序主要取决于职位和身份；社交场合则主要取决于年龄、性别。（对或错）

5. 当别人伸手表示握手意愿时，如果自己手脏、手湿则应向对方明示，并致歉，避免用脏手、湿手与人握手。（对或错）

6. 在公私各种场合以东道主身份会见或招呼客人时，应与客人一一握手。（对或错）

7. 人与人会面时，基本的礼仪规则是：“位低者先打招呼”。（对或错）

8. 比较正式的场合，一人与多人打招呼时，应按由“尊”而“卑”、由长而幼的顺序依次进行，也可以由近而远地依次进行。（对或错）

9. 招呼他人的基本的礼仪规则是：主动、热情、语气平和、表情专注。（对或错）

10. 对长辈和上级等，一般不可用不加称呼的随意招呼和问候语。（对或错）

三、着装礼仪规范测试

1. 着装是人际交往中的另一张名片，像在填一张个人信息调查表，传递着许多您个人真实的信息。（对或错）

2. 国际公认的着装 TPO 原则中，T 表示______，P 表示______，O 表示______。

3. 办公室、公务会谈、拜访、公务接待等正式场合，无论男女都宜着______装。

4. 对男士而言，制服、西服、中山装属于______装，而夹克、休闲服、运动服属于______装。

5. 对女士而言，制服和______属于最正式的着装，连衣裙、裤装、旗袍等可在社交场合穿着，除特殊情况外，一般不适宜在很正式场合穿着。

6. 正规的商务场合中，关于着装的说法，以下说法不正确的是______。

A. 上班时间不能穿时装和便装

B. 个人工作之余的自由活动时间不宜穿套装和制服

C. 工作之余的交往应酬，最好不要穿制服

D. 公务场合夏天男性可穿短袖衬衫配西裤，女性穿衬衫加套裙

7. 关于着装的描述，以下不正确的说法是______。

A. 对男士而言，鞋子、腰带、公文包三处保持一个颜色，黑色最佳

B. 西装的最下面一颗扣子一般不扣

C. 女性在正式场合不要穿过于艳丽的服饰

D. 男士西装首选颜色是深蓝色，其次为灰色或黑色

8. 以下关于西装的说法中，错误的说法是______。

A. 西装袖口上的商标应拆除后才可以穿着

B. 西服上衣的袖子要比里面的衬衫袖子长一些

C. 西装的外袋不宜存放物品

D. 穿单排扣西服，扣子要么不扣，要么全扣上

9. 职业装的色彩应遵循“三色原则”，基本要求是单色、深色、无______。

10. 下列关于女士着装的说法中，不正确的说法是______。

A. 女士着装应区分场合，场合不同则着装不同

B. 女性在商务交往场合不能穿黑色皮裙

C. 女性在正式场合不要穿过分暴露、过分透视、过分短小、过分紧身的服饰

D. 女性在正式场合最好穿时装，以凸显时髦和气质

四、仪容修饰与仪态礼仪规范测试

1. 仪容美的基本标准是自然美、修饰美和______美的和谐统一。

2. 仪容美的最基本表现是健康、______、协调。这也是仪容美的最高境界。

3. 仪容修饰的基本规则是卫生、整洁、美观和______。

4. 一般说来，职场人士的眼镜镜片应当是______的，更不能戴着墨镜上班和见客。

5. 人际交往中普遍讲究“______为礼”。除工作需要外，在室内一般不宜戴帽工作和见客。

6. 女士提倡______妆上岗，不浓妆艳抹，且不当众化妆或补妆，也不以残妆示人。

7. 引导或提示他人时通常使用______手、五指并拢、掌心朝上。

8. 人际交往和提供服务时，唯有______是谁都能读懂的“世界语”。

9. 拜访、会客、交谈、倾听他人教导时，尤其对方是长者、尊者、贵客时，坐姿除了端正之外，还应注意坐在座椅或沙发的______，身体稍向前倾，表现出一种谦虚、耐心、重视对方的仪态，切忌采取后仰式的坐姿。

10. 陪同引导客户时，一般应走在客人的______侧或外侧。

五、名片交接及介绍礼仪规范测试

1. 介绍他人时必须记住一条原则：______者有“优先知情权”。

2. 集体介绍时须注意，一般规则是：先将人数______的介绍给人数______的一方。

3. 赠送名片时需要注意的是，选择不同的______赠送名片，往往代表不同的含义。

4. 接受别人的名片时，应______，面带微笑，目视对方，双手承接或右手接（特殊情况下），并口头道谢和回赠名片。

5. 按照基本礼仪规则，自我介绍应注意的是______。

A. 先介绍再递名片

B. 先递名片再做介绍

C. 先介绍自己，再让对方介绍

D. 先让对方做完介绍，自己再做介绍

6. 呈递名片时，下列做法不正确的是______。

A. 名片正面朝向接受方　　B. 双手拿着名片两个上角

C. 右手拿着名片上角　　D. 左手拿着名片上角

7. 一般说来，商务名片讲究三个“3”，以下内容不属于这三个“3”的是______。

A. 要有企业标识、企业全称、所在部门

B. 要提供本人称谓：姓名、行政职务、学术头衔

C. 名片交换三原则是：交换索取，双手送上，注视接受

D. 名片通常只能提供三种联络方式：联络地址、邮编、办公电话

8. 在国际交往场合，如果由第三人居中介绍，正确的介绍顺序是______。

A. 先把身份高的介绍给身份低的

B. 先把身份低的介绍给身份高的

C. 先介绍谁都可以

D. 谁离得近介绍谁

9. 在面对多人发放名片时，可以由近及远发放，忌______地发放。

10. 接受他人名片时，下列做法不正确的有______。

A. 左手或单手接名片

B. 不看一眼就随手放进口袋或直接装入名片夹

C. 离座后将他人名片留在桌上

D. 一言不发或目视他处

六、使用电话的礼仪规范测试

1. 就礼仪规范而言，电话铃声响后，最多不超过______声就应该接听。

A. 一声　　B. 两声　　C. 三声　　D. 四声

2. 双方通电话时，按照礼仪规范，下列说法正确的是______。

A. 主叫先挂电话

B. 被叫先挂电话

C. 尊者先挂电话

D. 谁先讲完谁先挂，最好同时挂

3. 拨打电话时，以下表述正确的是______。

A. 拨电话时为不影响周围的人工作，尽量不使用免提方式

B. 拨打电话，对方铃声响过五次未接电话时，应该稍候再拨

C. 挂电话时，地位高者先挂电话

D. 通话时声音以对方能够听清楚为原则，尽量压低声音

4. 在会客或拜访客户时，使用手机的基本礼仪是______。

A. 不拨打电话　　B. 只震动不响铃

C. 不接听　　D. 出去接听

5. 使用手机的不正确做法是______。

A. 女士将手机挂在脖子上

B. 在会议或影院等场合，应关机或将铃声置于静音状态

C. 手机不宜握在手里或挂在腰带上，应放在公文包中

D. 手机不适合传递重要的商业信息

6. 电话通话过程中，以下说法正确的有______。

A. 为了不影响他人，一般不使用免提方式拨打电话

B. 为了维护自身形象，不宜边吃东西边打电话

C. 为了尊重对方，不宜边看资料边通电话

D. 无论是独处或是当众，都不要在通话时把话筒夹在脖子下，或是高架双腿、仰面朝天、来回走动等。任何放荡不羁的举止都是对来电者的不尊重

7. 关于接听电话的基本礼仪，下述表达正确的有______。

A. 先要自报家门，方便对方确认是否打错电话

B. 先要礼貌问候，再进入通话主题

C. 通话过程中要礼貌应对，避免口气过于生硬或无礼，给对方留下极不友好的印象

D. 认真倾听，及时记录，重要信息应反馈核对

8. 拨打电话的基本礼仪要求包括：准备性要求、______要求、语言性要求、态度性要求、举止要求等五个方面。

9. 使用移动电话的基本礼仪要求有______。

A. 任何时候使用手机都要以不妨碍他人为前提

B. 任何公共场所都不宜滥用，甚至要切实避免使用手机

C. 进入飞机、加油站、手术室等危及公共安全的地方，应自觉关闭手机

D. 在与人交谈时如遇手机铃响，应立刻接听，以免影响对方

10. 代接他人电话应注意的礼仪包括______。

A. 尊重隐私，尽量不代接他人电话

B. 向来电者作扼要解释，避免来电者猜测和担心

C. 礼貌地征询来电者意见，有否需要转达或代办的事宜，以便帮忙协助解决

D. 转达准确、及时，切忌遗忘或拖延转达，也不要请其他人代为转达，以免内容变样或耽误时间

七、谈吐礼仪规范测试

1. 谈吐礼仪的基本要求包括______语言规范和______语言规范

两大方面。

2. 交谈过程中，有关语言文明的正确表述是______。

A. 要恰当地称呼他人，你的称呼要让人感受到尊重和敬佩

B. 尽量使用谦恭、高雅、脱俗、有内涵的文明词汇

C. 忌说脏话、怪话、粗话、黑话、谎话、风凉话和一切低级趣味的玩笑话

D. 尽可能避免使用方言土语

3. 在国际交往场合，与人交谈应避免打听的情况包括______。

A. 对方的工作单位和国籍

B. 对方的收入状况和婚姻状况

C. 对方的个人爱好和饮食禁忌

D. 对方的宗教信仰和政见

4. 与人沟通过程中，下列行为不正确的是______。

A. 直接质疑或纠正对方

B. 睁大眼睛，直视对方

C. 双臂交叉于胸前，环顾左右

D. 边交谈边用手机收发短信

5. 你正在和一个重要的客户谈一笔业务，这时电话铃响了，而又没有代接电话的人，为了体现对客户的尊重，这时，其正确的做法是______。

A. 对电话置之不理，继续交谈

B. 当着客户的面，果断地关闭电话

C. 先向对方致歉，然后起身去旁边接听电话

D. 马上接听，并申明一会再给对方回电话

6. 在与人沟通过程中，下述做法不正确的是______。

A. 保持适当的距离，不宜太靠近对方

B. 边干活边与人谈话

C. 少说多听，保持矜持或沉默

D. 双眼注视交流对象，以示专注

7. 交谈中积极的肢体语言通常包括有______。

A. 频繁用眼神、点头、微笑等肢体语言与说话人交流和配合

B. 看指甲、挖耳朵、抠鼻孔或摆弄手指

C. 听者的脸颊微微向上，身体向前倾

D. 频繁看手表或摆弄手机查看短信

8. 商务交谈过程中，下述行为不正确的有______。

A. 自己滔滔不绝，尽量不给别人说话的机会，以争取主动

B. 表述尽可能模糊，让人难以琢磨

C. 尽可能居高临下，自我炫耀，以此征服对方

D. 尽量不触及令人伤心、愤怒或不快的话题

9. 与人闲聊过程中，下述做法不正确的有______。

A. 双方初次见面无话可说时，最适宜的话题是“谈天气”

B. 熟人聚到一起，最好的话题是讲桃色新闻或“荤段子”，以活跃气氛

C. 非议他人，即找双方共同熟悉的人来议论

D. 避免谈论政治或宗教话题

10. 聆听他人谈话时，下述做法不正确的是______。

A. 自己没听明白或有疑问时，随时礼貌地打断对方并酌情发问

B. 自己有不同看法时可随意插话

C. 发现对方的谈话有错误时及时纠正

D. 伺机岔开话题，引入自己感兴趣的话题

八、接待和拜访礼仪规范测试

1. 登门拜访，以下做法不正确的是______。

A. 未经主人邀请或许可，不宜进入卧室

B. 未经主人邀请，不宜主动入座

C. 主动参观主人房间的各类摆设

D. 入座之后起身随意走动

2. 做客首先要约好时间，拜访应尽量放在节假日，不要在吃饭的时候或午休时间去拜访他人。（对或错）

3. 登门拜访时如果主人的门半掩着或开着，可以直接进入。（对或错）

4. 拜访客户过程中，双方感觉很好，聊得非常投机，虽然很想继续聊下去，但事先约定的会面时间已差不多了，只能惋惜地起身告辞。（对或错）

5. 与客户约好了见面时间，切忌迟到且应提前到达，而且到得越早越好。（对或错）

6. 客人来访，应出门迎接，并应主动上前替客人提包或搀扶年长的客人。（对或错）

7. 陪同客人时要注意礼宾次序。一般要请客人走在主人的右边，主陪人员要和客人并排走，不宜落在后面。其他陪同人员应走在主陪和客人的身后，不宜走在前面。（对或错）

8. 主人递上茶水或请吃食品、水果等，应欠身或起身双手承接，并道谢。（对或错）

9. 客人进屋时，室内的主人应起身让座，并请客人先行入座主人才能入座，以示对客人的敬重。（对或错）

10. 常言道：迎客迎三步，送客送七步。故送客比迎客更重要。送客者应送到大门外、电梯口、甚至送上车，待客人远离视线再离开。（对或错）

九、馈赠礼仪规范测试

1. 涉外交往中，收到对方的礼物之后，得体的做法是______。

A. 致谢后将礼物搁在一边不动

B. 致谢后经对方认可打开礼物，并表示喜欢

C. 致谢并当面打开后对礼物不作评价

D. 致谢并依据送礼者的礼仪习惯决定是否打开礼物观赏

2. 一份名贵的礼品，一定是好礼品，而一份价格低廉的礼品，

一定不是好礼品。（对或错）

3. 送礼时要落落大方，恭恭敬敬地用双手或右手将礼品递交给受赠者，同时说上几句祝贺、问候、送礼缘由之类的话。必要时，还应对礼品含义、特色、用途加以说明。（对或错）

4. 送礼时为避免尴尬，可以偷偷地将礼品放在主人的客厅等显眼地方。（对或错）

5. 常言道："礼轻情意重"，故真情、诚意和善意是送礼最核心的"艺术内涵"。（对或错）

6. 礼品赠送的八大禁忌是指______、民俗、数字、颜色、图案、物品、______和涉外等八个方面的禁忌。

7. 药品、补品、保健品以及以珍稀动物皮毛为原料制作的商品等不宜作为涉外礼品赠送。（对或错）

8. 送花的犯忌大致有四个方面，即：品种禁忌、颜色禁忌、______禁忌、方式禁忌。

9. 接受他人馈赠的礼品时，下列说法不正确的有______。

A. 起身站立，面带微笑，双手捧接礼物

B. 不管礼物你愿不愿意接受或喜不喜欢，均应对对方馈赠的行为表示诚挚地谢意

C. 对东方人赠送的礼物应当面将礼品包装拆封，拿出礼品，深表赞赏和喜爱

D. 接受礼品后应酌情回赠

10. 拒收他人馈赠的礼品时，下列做法中不正确的是______。

A. 应直接陈述缘由，不宜拐弯抹角或犹豫不决

B. 应尽可能给送礼者留面子，避免尴尬

C. 拒收的同时应礼貌地表达谢意

D. 尽可能不当面拒收，而采取过一段时间后退还或以等值的商品回赠

十、中餐礼仪规范测试

1. 中餐的桌次排列中，一般遵循“面门定位”、“以右为尊”、“以远为上”的基本规则。（对或错）

2. 用餐时的座位位次排列，一般应遵循“主人定位”、“右尊左卑”、“近高远低”、“面门为上”的基本规则。（对或错）

3. 上菜操作一般应遵循“左上右撤”的规则，且上菜和撤盘切忌从主人或主宾身边进行，以免影响尊者用餐。（对或错）

4. 用餐时，拿取茶水、餐巾等时应遵循“取左勿取右”的基本规则，以免影响邻座。（对或错）

5. 常言道：“茶满欺人，酒满敬人”。也就是说，倒茶不能太满，而倒酒则必须倒满，否则，失礼。（对或错）

6. 宴请客人时，如果客人不肯点菜，宴请方为了表示对客人的尊重，征询对方意见最重要的一点是询问对方：“您喜欢吃什么菜？”（对或错）

7. 斟酒应讲究顺序：位高者先、年长者先、远道而来者先、顺时针逐个斟酒。（对或错）

8. 一般情况下，男士不应首先向女士提议干杯、晚辈和下级不宜首先提议为长辈或上级干杯，因为必须优先尊重对方的意愿。（对或错）

9. 中餐用餐时，下述说法中不正确的是______。

A. 新菜上桌后，应请尊者或主人先动筷

B. 用餐时，晚辈、下级、客人抢先动筷是很礼貌的行为

C. 切忌用筷子在碗里“淘宝”

D. 筷子不用时宜搁在筷架上或盘子上，不宜拿在手上或放在碗口上或桌面上

10. 中餐素有“无酒不成宴”之说，关于饮酒的下述说法中不正确的是______。

A. 斟酒要规范，敬酒讲尊卑，劝酒要适度，拒酒要礼貌
B. 敬酒时应从座位上站起，且上身挺直，右手举起酒杯
C. 劝酒能显示出热情、好客，故席间主人应反复向客人劝酒
D. 碰杯时要目视对方，且晚辈或下级的杯沿要略低于对方的杯沿，以示敬意

十一、西餐礼仪规范测试

1. 用餐时不慎将酒水或汤汁溅到邻座的异性身上，以下做法不符合礼仪规则的是______。
A. 立刻向对方表示歉意
B. 亲自为对方擦拭干净
C. 主动请服务员帮助
D. 假装不知道

2. 参加涉外自助餐时，取用食物的得体方式是______。
A. 按凉菜、热菜、点心和水果的顺序分盘取用
B. 为减少取菜次数，应尽量把各种菜品装在同一个盘里
C. 一次多取用几盘菜品，搁在餐桌上以方便别人同时享用
D. 再次取菜时不使用已经用过的餐盘，使用新的餐盘

3. 关于西餐餐具的使用，下述做法不正确的是______。
A. 一般情况下，左手持刀，右手持叉
B. 就餐过程中，需同人交谈，刀、叉应在盘子上放成八字
C. 进餐一半，中途离席，餐巾应放在座椅的椅面上
D. 取用刀、叉或汤匙时，应从内侧向外侧取用

4. 西餐宴会上有关女主人的行为，下列表述正确的有______。
A. 在西餐宴会上女主人是第一次序
B. 女主人就座后其他人才可就座
C. 女主人拿起刀、叉或打开餐巾表明宴会开始
D. 女主人把餐巾放在桌子上表示宴会结束

5. 吃西餐的基本规则是：沙拉用叉、面包手拿、咖啡用勺喝、

吃肉用刀切。（对或错）

6. 用餐过程中如果满头大汗，则难免失态，最好用餐巾擦一擦。（对或错）

7. 为卫生起见，西餐用餐前用茶水涮洗一下餐具是有好处的。（对或错）

8. 参加鸡尾酒会应盛装出席，且要准时，否则失礼。（对或错）

9. 西餐上菜的服务顺序一般是：女主宾、男主宾、主人和其他来宾，依次上菜。（对或错）

10. 西餐在席间只需礼节性地祝酒或敬酒，一般不宜反复劝酒。（对或错）

十二、商务活动中的排序礼仪规范测试

1. 就礼仪规则而言，商务活动的尊位或上位确定一般依据的原则有______。

A. 是指一场活动中最重要、最显眼、最尊贵的位置

B. 尊位是视野最佳、安全最好、最舒适的位置

C. 尊位是行动最便利的位置

D. 尊位是依据环境、条件和活动目的人为设定的

2. 社交活动中，应该遵循的排序规则是______。

A. 女士优先　　B. 职位优先

C. 资历优先　　D. 年龄优先

3. 商务活动中，应该遵循的排序规则是______。

A. 女士优先　　B. 职位优先

C. 利益优先　　D. 年龄优先

4. 涉外活动中，下述说法正确的有______。

A. 社交活动遵循长幼有序、女士优先的排序规则

B. 公务活动只遵循职位优先的排序规则

C. 无论社交或商务活动，都遵循“以右为尊，以左为卑”的排序规则

D. 宴请和会谈等活动普遍遵循“主人定位”、“右尊左卑”、“近高远低”、“面门为上”的排序规则

5. 对于汽车上的座位尊卑的描述，下述说法正确的有______。

A. 社交场合：主人开车，副驾驶座为上座

B. 商务场合：专职司机开车，后排右座为上座

C. 双排座轿车，司机后面第一个座位为上座

D. 专职司机驾车时，副驾驶座为随员座

6. 宴请活动中，按照礼仪规则，主宾的座位应排在______。

A. 主人位的左侧　　B. 主人位的右侧

C. 主人位的对面　　D. 面对门的位置

7. 商务洽谈活动中，按照礼仪规则，客方主谈的座位应排在______。

A. 主方主谈的左侧　　B. 主方主谈的右侧

C. 主方主谈的对面　　D. 面门的中间位置

8. 一般情况下，双排座轿车的 VIP 座位应当是______。

A. 副驾驶座　　B. 后排右座

C. 后排左座　　D. 后排中座

9. 当你把刚接来的客人带到宾馆，你的上司正在等候，先把你的上司介绍给客人，然后再向上司介绍给客人。（对或错）

10. 多人同行，一般以前行或右行为尊，故陪同客户参观公司时，陪同者应走在主宾的左侧或前面。（对或错）

十三、公共场所行为礼仪规范测试

1. 在乘坐公共交通、购物、付款、等候服务等各种公共场合，下列行为中不符合礼仪规范的是______。

A. 按先来后到依序排队等候

B. 给最前排正在接受服务或操作的人留出足够的空间

C. 谎称自己有急事，在礼貌地征得最前排的人同意后通过插队抢先接受服务

D. 确因急事赶时间时，请求最前排的人帮忙代办

2. 乘坐公共交通工具时，下述行为中不符合礼仪规范的是______。

A. 无论什么人，任何时候都应按先来后到次序就座

B. 热恋中的情人在车厢内旁若无人地相互拥抱或亲吻

C. 在车内旁若无人地接听或拨打手机

D. 只给熟悉的上司或长辈让座，但不熟悉的人一律不予让座

3. 在行走途中下述行为不符合礼仪规则的是______。

A. 人行道上，恋人或好朋友之间手牵手一同行走

B. 没有车辆穿行时，不一定非走“斑马线”横过马路

C. 横过“斑马线”时路遇熟人，立刻停下来打招呼和进行寒暄

D. 路遇老、弱、病、残、孕时主动让路

4. 与上司、长辈、女士等多人一起同行时，下述说法不符合礼仪规则的是______。

A. 任何时候都遵循“前尊、后卑、右大、左小”的行走规则，依序行走

B. 基于礼貌，在街上或马路上行走时，男士或下级应行走在靠车道一侧

C. 在人行道上行走时，女士或长者应走在外侧

D. 顺其自然，怎么走都无所谓

5. 排队过程中有事暂时离开，再次返回后，以下做法符合礼仪规范的是______。

A. 事先向原位身后的人说明离开一会后直接回到原来位置上继续排队

B. 从队伍末端重新排起

C. 不向原位身后的人说明直接回到原位处继续排队

D. 事先找排在后面的熟人替代自己的原位，回来后插在熟人前面或托其代办

6. 陪同客户进出无人操控的电梯，陪同人员应______。

A. 请客人先进入并主动操控电梯

B. 自己先进入并操控电梯

C. 谁方便谁先进出电梯

D. 主动操控电梯，请客人先出，自己最后出电梯

7. 与亲友一起参观旅游时，下列行为中符合礼仪要求的是______。

A. 不分场合，自由自在地高声谈笑

B. 征得对方同意后争相与外宾或自身感兴趣的人合影

C. 随意触摸文物或在名胜地显眼处刻上“××到此一游”

D. 遇上感兴趣的任何场景，千方百计设法摄影留念

8. 欣赏交响音乐会时，符合礼仪规范的行为是______。

A. 只要乐曲有停顿即刻鼓掌表示赞许

B. 演奏完一支完整的乐曲后鼓掌赞许

C. 演到精彩之处，随时即兴鼓掌赞许

D. 任何时候都只静静地欣赏

9. 在单位食堂用餐时，下列行为符合礼仪规范的是______。

A. 排队或进餐时高谈阔论或大声说笑

B. 自助式进餐时习惯于“多次少取”，避免浪费

C. 离开时主动清理桌面自己留下的垃圾

D. 离开后将餐具、凳子等归位，放回指定位置

10. 进入图书馆、阅览室、博物馆、展览馆、美术馆这类公共场所，下述行为不符合礼仪规范的是______。

A. 穿着钉着钉的皮鞋，自由自在地来回走动甚至奔跑

B. 旁若无人地争辩、讨论或闲聊

C. 利用随身携带的物品为自己划地盘或为好友占用空余座位

D. 边尽情欣赏边自由地吃零食

十四、宗教礼仪常识测试

1. 目前，全世界三大宗教主要是指______教、______教和佛教。

2. 天主教的主要节日包括______节、______节和圣母升天节等。

3. 天主教徒的主要忌讳包括数字______和______等。

4. 下列戒律中不属于基督教主要教规的是______。

A. 不许制造或崇拜任何偶像

B. 不杀生、不奸淫、不偷盗

C. 不吃荤腥

D. 不妄证，即作假证陷害他人

5. 下列经典中，______属于伊斯兰教的经典教义。

A.《圣经》 B.《大藏经》

C.《古兰经》 D.《华严经》

6. 下列各项属于伊斯兰教徒的主要忌讳的是______。

A. 不吃猫、狗、马、驴、骡、鸟类及没有鳞的水生动物

B. 信奉左手不洁，严禁用左手取食和递送物品

C. 不能赌博和饮酒

D. 不能婚配

7. 下列各项中，属于进入清真寺的基本礼俗的是______。

A. 必须脱鞋、脱帽 B. 不能戴墨镜

C. 不能穿短裤和无袖衣服 D. 不能拍照和摄像

8. 佛教徒的主要礼俗禁忌有______。

A. 杀生 B. 荤腥

C. 摸头 D. 偶像崇拜

9. 下列各项中，不属于进入佛教寺庙的礼俗禁忌的是______。

A. 脱鞋 B. 净身

C. 脱帽 D. 不能拍照和摄像

10. 下列节日中，不属于佛教节日的是______。

A. 圣诞节 B. 雪顿节

C. 泼水节 D. 开斋节

十五、涉外礼仪常识测试

1. 涉外交往中，任何场合遇到升国旗、奏国歌的情况时，下列做法符合礼仪规则的是______。

A. 升本国国旗和奏本国国歌时才站立，升其他国家的国旗时不必站立

B. 升与本国有外交关系国家的国旗才站立，升未建交国家的国旗不必站立

C. 升任何国家的国旗时都应面向国旗肃立

D. 升任何国家的国旗时都不一定需要肃立，但需行注目礼

2. 与日本人交往时，下列各项中______不属于日本人的礼俗禁忌。

A. 赠送荷花或菊花

B. 数字“4”和“9”

C. 当着送礼人的面打开礼品包装欣赏

D. 劝酒

3. 与印度人打交道，下列各项中______不属于印度人的礼俗禁忌。

A. 穿鞋入室　　B. 食用猪肉、牛肉和蛇肉

C. 数字“13”和星期五　　D. 异性握手

4. 与美国人交往时，下列各项中______不属于美国人的礼俗禁忌。

A. 含有蝙蝠图案的礼品　　B. 杀牛

C. 打探个人隐私　　D. 数字“3”、“13”和星期五

5. 与英国人打交道，下列各项中______不属于英国人的礼俗禁忌。

A. 穿鞋入室

B. 食用狗肉、猫肉

C. 数字“13”和星期五

D. 赠送带有大象、孔雀和猫头鹰图案的礼品

6. 与法国人打交道，下列各项中______不属于法国人的礼俗禁忌。

A. 赠送给异性香水或带有仙鹤图案的礼品

B. 食用猪肉、牛肉

C. 数字“13”和星期五

D. 穿墨绿色衣服

7. 与俄罗斯人打交道，下列各项中______不属于俄罗斯人的礼俗禁忌。

A. 左手接触对方和递送物品

B. 食用马肉、兔肉和鸡爪

C. 数字“7”或其他单数

D. 打翻盐罐或打碎镜子

8. 与德国人打交道，下列各项中______不属于德国人的礼俗禁忌。

A. 用力握手

B. 食用核桃和动物内脏

C. 数字“13”和星期五

D. 赠送不带包装的单数枝鲜花

9. 与澳大利亚人打交道，下列各项中______不属于澳洲人的礼俗禁忌。

A. 谈论种族、宗教等话题

B. 食用猪肉、羊肉和动物内脏

C. 数字“13”和星期五

D. 大声喧哗或炫耀家族或个人头衔

10. 与南非人打交道，下列各项中______不属于南非人的礼俗禁忌。

A. 与异性握手

B. 食用牛、羊肉和动物内脏

C. 劝酒

D. 赠送不带包装的单数枝鲜花

附注：本测试卷每题 1 分，部分答对按比例计分。如果您的得分低于 80 分，说明您很有必要强化礼仪知识的学习，如果您的得分超过 100 分，说明您基本具备了必要的礼仪常识，如果您的得分超过 130 分，说明您的礼仪知识优良。本试卷的参考答案请参阅本书附录二。

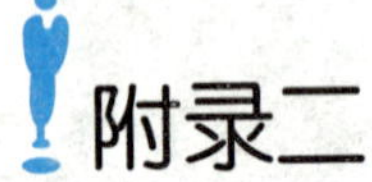

附录二

礼仪规范常识自我测评题参考答案

内容序号	参考答案									
	1	2	3	4	5	6	7	8	9	10
一	呼唤、显示、标示	名、性	敬、谦	女士、男士	错	错	对	对	对	对
二	错	对	对	对	对	对	对	对	对	对
三	对	时间、场合、目的	正	正、便	套裙	D	D	B、D	图案	D
四	内在	自然	得体	无色	脱帽	淡妆	右	微笑	前沿	左
五	尊	少、多	时间	起身站立	A、C	C、D	C	B	间隔式	A、B、C、D
六	C	A、C	A、B、C、D	A、B、D	A	A、B、C、D	A、B、C、D	时间性	A、B、C	B、C、D
七	口头、肢体	A、B、C、D	B、D	A、C、D	C	B、C	A、C	A、B、C	B、C	B、C
八	C、D	对	错	对	错	错	对	对	对	对
九	B、D	错	对	错	对	法律、宗教	对	数字	C	D

续表

内容序号	参考答案									
	1	2	3	4	5	6	7	8	9	10
十	对	对	对	对	错	错	对	对	B	C
十一	B、D	B、C	D	A、B、C、D	错	错	错	错	对	对
十二	A、B、C	A、D	B、C	A、B、C、D	A、B、C、D	B	C	B	对	错
十三	C	A、B、C、D	A、B、C	A、D	C、D	A、D	B	B、C	B、C、D	A、B、C、D
十四	基督、伊斯兰	圣诞、复活、	13、星期五	C	C	A、B、C	A、B、C、D	A、B、C	A	A、D
十五	C	D	C	B	A	B	C	D	B	C

主要参考书目

1. 王家贵，栗郁，史娜．现代商务礼仪简明教程．广州：暨南大学出版社，2009.

2. 未来之舟．求职礼仪手册．北京：海洋出版社，2005.

3. 王华．金融职业礼仪．北京：中国金融出版社，2006.

4. 未来之舟．公务员礼仪培训手册．北京：海洋出版社，2006.

5. 金正昆．服务礼仪教程（第2版）．北京：中国人民大学出版社，2005.

6. 杨茳，王刚．礼仪师培训教程．杭州：浙江大学出版社，2004.

7. 徐寒．职业秘书办公室事务管理技巧．广州：广州出版社，2004.

8. 文泉．国际商务礼仪．北京：中国商务出版社，2006.